Beltz Taschenbuch 13

Über dieses Buch:

Es gibt viele Gründe, sich heute intensiver mit der Rolle zu beschäftigen, die die Väter bei der Erziehung ihrer Kinder spielen: die Auflösung traditioneller Rollenmuster, verbunden mit der zunehmenden Berufstätigkeit von Müttern, die Pluralisierung von Lebensformen und ein neues Selbstverständnis von Männern. Dem steht paradoxerweise entgegen, dass Psychologie, Psychoanalyse und Bindungsforschung über ein halbes Jahrhundert davon ausgingen, dass Väter bei der Entwicklung eines Kindes nur eine marginale Rolle spielen – ein Vorurteil, mit dem der Autor auch aufgrund von eigenen wissenschaftlichen Untersuchungen gründlich aufräumt und darüber hinaus Vätern und Müttern in diesem Buch viele nützliche Tipps gibt.

Was also weiß man heute über die konkreten Folgen väterlichen Einflusses auf das heranwachsende Kleinkind? Welche Art von Interaktion bindet das kleine Kind an seinen Vater? Und was sagen die neuesten Studien darüber, wie wichtig die Rolle *beider* Geschlechter für die Entwicklung des Kleinkindes ist und worin sich Vater und Mutter in ihrem Bezug auf das Kind unterscheiden? Das Buch von Jean Le Camus beantwortet diese Fragen und zeigt auf, dass Väter anders erziehen als Mütter und ihre Rolle im Erziehungsprozess schon der ganz Kleinen eine notwendige Ergänzung der mütterlichen Erziehung darstellt.

Der Autor:

Jean Le Camus ist Psychologe und Professor an der Universität von Toulouse-le-Mirail. Seine Forschungsarbeit und seine zahlreichen Veröffentlichungen konzentrieren sich seit Jahren auf die Untersuchung der frühkindlichen Entwicklung und auf den besonderen Anteil der Väter hierbei.

Jean Le Camus

Väter

Die Bedeutung des Vaters für die psychische Entwicklung des Kindes

Aus dem Französischen von
Christiane Landgrebe

Titel der französichen Originalausgabe:
Le vrai rôle du père
© 2000 Editions Odile Jacob

In die deutschsprachige Ausgabe wurden an geeigneter Stelle
deutsche Quellen aufgenommen, die als solche in den Anmerkungen
ausgewiesen sind.

Besuchen Sie uns im Internet:
www.beltz.de

Beltz Taschenbuch 139
2003 Beltz Verlag, Weinheim und Basel

1 2 3 4 5   07 06 05 04 03

© der deutschsprachigen Ausgabe: 2001 Beltz Verlag • Weinheim, Basel, Berlin
Umschlaggestaltung: Federico Luci, Köln
Umschlagfoto: © Corbisstockmarket, Düsseldorf
Satz: Media Partner Satz und Reprotechnik GmbH, Hemsbach
Druck und Bindung: Druckhaus Beltz, Hemsbach
Printed in Germany

ISBN 3 407 22139 8

Für die Kinder,
die von ihren gefangenen Eltern getrennt sind.
Für diejenigen, die sich darum kümmern,
dass sie in Verbindung bleiben.

Für Quentin,
für Matthieu,
für Célia,
für Marine,
die Kinder meiner Kinder.

INHALT

Wozu ist ein Vater gut?

In der Psychologie spricht man von der Rolle, in der Psychoanalyse von der Funktion des Vaters[1], und seit einem halben Jahrhundert stellen Wissenschaftler unterschiedlicher Fachrichtungen und jene, die in der sozialen Arbeit engagiert sind, die Frage nach dem Platz, den der männliche Elternteil einnehmen soll, um den seelischen Bedürfnissen von Kindern und Jugendlichen gerecht zu werden.[2] Im Lauf der religiösen, philosophischen, juristischen Tradition und angesichts des Phänomens des fehlenden Vaters (tatsächliche Abwesenheit oder Nicht-Erfüllen seiner Aufgabe) hat sich eine Art allgemein anerkannter »Doktrin« durchgesetzt, die sich in einigen Sätzen zusammenfassen lässt.

Fast alle Fachleute sind der Auffassung, dass der Vater zunächst eine wesentliche Rolle in der Ablösungsphase von Mutter und Baby spielt. Der Vater führt das Kind in die Differenz ein, er ist der Andere von anderem Geschlecht, und folglich verhindert er auf symbolische Weise, dass die ursprüngliche »Verschmelzung« mit der Mutter nicht über die notwendige Zeit hinaus andauert. Es gilt als äußerst wichtig, dass das Kind diese Entwicklungsphase durchmacht und hinter sich lässt, in der es wie im Mythos um Ödipus von einem Hassgefühl für den Elternteil des eigenen Geschlechts und ei-

nem Gefühl der Liebe für den des anderen Geschlechts ergriffen wird. Man ist sich einig, dass der Vater, indem er die Verbote des Überichs verkörpert, maßgeblich am Aufbau der
Psyche von Kindern beiderlei Geschlechts beteiligt ist. Es
steht ebenfalls fest, dass der Vater eine wichtige Rolle bei der
Entwicklung der geschlechtlichen Identität des Kindes spielt,
die Rolle der »Bestätigung« beim Jungen, die der »Entdeckung« beim Mädchen.[3]

Diese wenigen Grundwahrheiten sind für Psychiater und
Psychologen aller Richtungen von solcher Wichtigkeit, dass
die Bedeutung des Vaters bei der Verinnerlichung des Gesetzes und darüber hinaus im Rahmen der Ich-Werdung und
Sozialisierung des Kindes unter Fachleuten kaum infrage gestellt wird. Auch zahlreiche Historiker, Anthropologen, Soziologen oder Juristen sind Anhänger dieser von der psychoanalytischen Theorie inspirierten Sichtweise.

Sagen wir gleich, dass dieses Buch nicht die Errungenschaften der Wissenschaft vom Unbewussten zurückweisen will:
Ich erkenne die Lehre Freuds als Mittel an, die verborgene
Struktur der Beziehungen in der Familie und die Dynamik
der kindlichen Libido zu begreifen. Wenn ich mich kritisch
äußere, dann nicht über die allgemeine Vorstellung der Bipo-
larität der Eltern (vereinfacht: »Liebe« versus »Gesetz«), auch
nicht über die Auffassung von der ödipalen und postödipalen
seelischen Entwicklung. Ich habe bereits geschrieben, und ich
betone dies noch einmal, dass die Psychoanalyse für Entwicklungspsychologen eine notwendige Stütze ist. Durch sie können abwegige Vorstellungen wie die Nicht-Differenz zwischen
den Geschlechtern und Generationen oder die Austauschbar-
keit der beiden Eltern vermieden werden.

Nach dieser Konzession kann man sich aber nicht mehr
mit lapidaren Fragen vom Typ: »Was ist ein Vater?« oder syn-

kretistischen Antworten wie »Der Vater ist die Autorität« zufrieden geben. Es wird Zeit, genaue Fragen über die Art und Weise, wie die Funktion des Vaters aussieht, zu stellen, ohne die enge Verbindung dieser Fragestellung zu den verschiedenen Bedürfnissen des Kindes zu vergessen.

Drei Fragenkomplexe müssen das Nachdenken über dieses Thema bestimmen: der Bereich der Entwicklung, in dem der Beitrag des Vaters zum Tragen kommen kann und muss, die Psychogenese des Kindes, bei der der männliche Elternteil intervenieren kann und muss, und schließlich die Art des Handelns, nach der die Liberalisierung der Vaterrolle sich vollziehen kann oder muss. Kann und muss, denn es gibt keine völlige Übereinstimmung zwischen dem, was man beobachtet (also dem, was möglich ist), und dem, was man sich wünscht (eine optimale Ausübung der Funktion), da das, was uns die Forschung vermittelt, leider nicht immer von Erziehern oder Therapeuten unmittelbar umgesetzt werden kann.

Die Methoden, auf die Psychogenetiker heute am häufigsten zurückgreifen und die auch ich übernommen habe, haben sich in den letzten Jahren stark verändert. Die Rolle des Vaters wird nicht mehr aufgrund des Vergleichs von Situationen definiert, in denen ein Kind mit oder ohne Vater lebt, sondern auch und vor allem durch den strengen Nachweis der Wirkung seiner Gegenwart. Zu diesem Zweck greift man zu dem Paradigma des Vergleichs von Interaktionen zwischen Mutter und Kind sowie Vater und Kind[4] sowie des Vergleichs von Interaktionen von Vater und Kind, die man bei verschiedenen Kategorien von Vätern beobachtet hat.[5] Außerdem beschränkt man sich nicht mehr auf eine Untersuchung des Verhaltens in Spiel- und Erziehungssituationen, bei denen Vater und Kind im Vorschul- und Schulalter zu erleben sind, sondern konzentriert sich zusätzlich auf die Beziehungen, die

ein Vater zu seinem noch ganz kleinen Kind hat (die Zahl der
Arbeiten über Interaktionen von Vätern und Babys ist in der
letzten Zeit sprunghaft angestiegen) und dehnt die Forschungen auf Bereiche aus, die früher als typisch für die Mutter-
Kind-Beziehung galten: Bindungsverhalten, nonverbale Kommunikation und Austausch von ersten Wörtern, Interakti-
onsformen, die mit der Schutzfunktion zu tun haben.

Im Rahmen der Arbeiten, die ich geleitet habe[6], wurde eine
große Anzahl von Interaktionen von Eltern und Kind analysiert, vom ersten Austausch auf der Geburtenstation bis zu
Beziehungen zu Kindern von drei bis fünf Jahren, wobei prä-
verbale Dialoge berücksichtigt wurden, die beim Wickeln,
Baden und Füttern geführt werden oder beim Baby-Schwimmen in Toulouse, auf das ich noch näher eingehen werde.

Diese methodischen Erweiterungen bedeuten keine Absage
an traditionellere Vorgehensweisen, sondern ergänzen diese.
Die Techniken des Fragebogens und der mündlichen Befra-
gung bleiben unverzichtbar, um Verhalten zu beobachten
und die Meinungen, Einstellungen und Vorstellungen von Eltern kennen zu lernen. Mehrere tausend Familien, die wir an-
geschrieben haben, waren bereit, unserer Bitte nachzukommen.

Mit der sicher nicht immer vollständigen Beantwortung der
bereits genannten Fragen möchte ich in diesem Buch neue
Wege ebnen, neue Möglichkeiten elterlicher Zusammenarbeit
vorschlagen. Ich will vor allem ein nützliches Buch schreiben
und einen Dialog mit betroffenen Männern und Frauen beginnen.

Ich habe mich mit drei Zugangswegen zur Vaterschaft auseinander gesetzt, der Bindungstheorie, der Entwicklungspsychologie und der Psychoanalyse (wie ich sie von außen sehe).

Ich tat dies vor allem in der Hoffnung, alle diejenigen, die beruflich mit Kindern zu tun haben, dafür sensibilisieren zu können, Institutionen und Erziehungsprogramme zu verändern, und hierbei allen Eltern zu helfen, ihr Elternsein besser zu erfüllen.

Besonders Väter werden heute oft auf die Anklagebank gesetzt. Aber jenseits der Vorwürfe, die man manchmal an sie richten kann, muss man sich fragen, ob ihre Zurückhaltung nicht von einer falschen Auffassung von ihrer Rolle herrührt. Und wenn ihr Beitrag, so wie ich es hier vertrete, als mehrdimensional definiert werden kann und muss (und nicht eindimensional), frühzeitig erfolgt (und nicht erst später), konkret (und nicht nur symbolisch), müssen manche Vorstellungen über die Entwicklung des Kindes und die Praktiken, die diese Entwicklung begleiten, neu überdacht werden.

Auch zu Beginn des 21. Jahrhunderts scheint unsere Zeit immer noch in einem von früher übernommenen Modell gefangen – dem Modell vom »symbolischen Vater«, jenem Vater, der heute allzu oft als Fantasie-Vater, nur für kurze Zeit präsenter Vater, als Übergangs-Vater verstanden wird. Möge die Jahrtausendwende dazu beitragen, dass sich das Bewusstsein aller verändert und ein Klima begünstigt, in dem die Gegenwart des Vaters neben der Mutter von Anfang an umfassend zum Tragen kommt.

Kapitel 1

Im »Namen des Vaters« – der Vater als Symbol für das Gesetz

Traditionsgemäß ist der Vater der symbolische Vater, derjenige, von dem es heißt, er vertrete das Gesetz, durch den das Individuum sozial eingebunden wird. Im heutigen Sprachgebrauch unterscheidet man gewöhnlich den biologischen Vater (Erzeuger) vom gesetzlichen Vater (juristisch) und dem erziehenden Vater (alltäglich), von dem weiter unten die Rede sein wird. Begnügen wir uns zunächst damit, die funktionalen Eigenschaften auszumachen, die ihn in der Tradition deutlich unter den Gesichtspunkten Einflussbereich, Eingreifen und Art des Handelns definieren.

Der strenge Vater

Welche Reichweite hat die »Rolle« oder die »Funktion« des Vaters? Wozu kann er nützlich sein? Welchen Bedürfnissen des Kindes kann er entsprechen? Und, genauer gesagt, welche Bereiche beim Kind sind für das Handeln des Vaters empfänglich? Welchen Beitrag kann und muss der Vater leisten? Alle diese Fragen spielten bereits im Denken und in der Forschungsarbeit von Entwicklungspsychologen, Psychiatern und Psychoanalytikern Mitte des 20. Jahrhunderts eine Rolle.

Was sagte man damals? Fast übereinstimmend griff man das Bild auf, das man benutzt hatte, um die Notwendigkeit »mütterlicher Zuwendung« zu veranschaulichen und die Störungen, die sich durch »Liebesentzug« ergeben, wie sie Spitz und Bowlby nach dem Zweiten Weltkrieg beschrieben hatten. Dem Vater wurde die Last auferlegt, das andere psychologische Nährmittel, das man »Autorität« nannte, beizusteuern, indem man ihm eine wichtige Bedeutung für die Persönlichkeitsentwicklung des Kindes zuerkannte, genauer gesagt für den Erwerb charakterlicher Stärke und des moralischen Gewissens.

Für Wallon, den Begründer der Kinderpsychologie in Frankreich, erscheinen die Aufgaben von Mutter und Vater im Rahmen der Familie (liebevolle Fürsorge versus Autorität) gleichermaßen wesentlich und nicht austauschbar.[1] Fehlt der Beitrag des Vaters, so gilt dies als schädlich für das Kind, fehlt der Vater ganz, kann dies schlimmere Folgen haben, als wenn keine Mutter da ist.[2]

Die Psychiater von damals betonen, dass »das Kind von seinem Vater vor allem Autorität erwartet«.[3] Der Vater bildet die Basis, auf der die soziale und moralische Persönlichkeit errichtet wird. Wenn er diesbezüglich fehlt, läuft das Kind Gefahr, »mehr oder weniger ernste, oft zu einem echten Syndrom führende Störungen« zu erleiden.[4] Es handelt sich dabei um ein Syndrom, das durch drei miteinander zusammenhängende Elemente gekennzeichnet ist – Ich-Schwäche, Launenhaftigkeit und ein Gefühl der Unsicherheit –, und es hat seinen Ursprung in einem Mangel, der über die frühe Kindheit hinaus besonders schädlich ist: »dem Mangel an Autorität«.[5]

Bei den Psychoanalytikern ändert sich der Sprachgebrauch, doch der Blickwinkel bleibt derselbe. Winnicott nimmt Bezug

auf »die Kraft der Persönlichkeit des Vaters«[6] und wünscht
sich, dass der Vater von Beginn der Beziehung an die Mutter
in ihrer Autorität unterstützt, »um das Gesetz und die Ordnung zu verkörpern, die die Mutter ins Leben des Kindes einführt«.[7] Dieselbe Auffassung findet sich bei dem bekannten
Daniel Widlöcher. Ganz dem freudschen Denken verhaftet,
meint der Autor, dass diese Funktion »keine biologische
Grundlage hat« und macht aus dem Vater »den Vertreter des
ödipalen Verbots«. Der Vater ist derjenige, der den Inzest verhindert, und von ihm stammen »die Hindernisse und Anweisungen«, die das Kind verinnerlicht. Von hier nimmt die erste
Funktion des Vaters ihren Ausgang, der Aufbau des Überichs.[8] Ein anderer Identifikationstyp kann auf Kinder beiderlei Geschlechts angewendet werden: Als Symbol einer männlichen Position ermöglicht der Vater es dem Jungen, ein
Identifikationsmodell zu finden (man spricht vom Aufbau
des »Ich-Ideals«) und für die Tochter eine Art Ideal vom anderen Geschlecht (da das Modell der Weiblichkeit von der
Mutter stammt).

Diese Sichtweise der klassischen Psychoanalyse findet man
bei Analytikern von heute erneut. In ihrer Argumentation
verwenden sie dieselbe Dialektik. Es finden sich ähnliche Be-
züge hinsichtlich der Art des Zugangs zur Menschwerdung,
der Unterwerfung unter das Gesetz und der Repression. Der
Vater verbietet die »Verschmelzung« von Mutter und Kind
und ermöglicht, indem er die Position des Dritten einnimmt,
den Übergang von der Naturordnung zu Sozialordnung.[9]
Während die Mutter die sofortige Befriedigung der Bedürfnisse ihres Kindes garantiert und »zu allem ja sagt«, hält der
Vater eine Funktion inne, die »einem solchen Verhalten in allen Punkten entgegengesetzt ist«.[10]

Und fast wie ein Echo hierauf liest man anderswo: »Der

Vater ist derjenige, der nein sagt (sowohl zu dem Kind als
auch zur Mutter), der die Verneinung einführt und das Verbotene ausspricht, das heißt die Grenze des Möglichen.«[11]

Der anders wirksame Vater

Eine zweite Reihe von Fragen stellt sich: Von welchem Ent-
wicklungsstadium des Kindes an kann und muss der Vater
aktiv werden? Genauer ausgedrückt, von welchem Augenblick an wird die Gegenwart des Vaters vom Kind wahrgenommen? Von welchem Moment an kommuniziert das Kind
anders mit seiner Mutter als mit seinem Vater? Und vor allem, von welchem Moment an kann sich die Gegenwart des
Vaters für das Kind, für die Mutter und auch für den Vater
selbst günstig auswirken?

Lange Zeit haben die Fachleute beinahe einstimmig so ge-
antwortet: Der Vater muss in die Erziehung eingreifen, wenn
das erste zarte Alter vorüber und damit auch »die Zeit der
Mutter« vorbei ist. Denn das Kind hat zwei grundlegende Bedürfnisse: zunächst ein Bedürfnis nach Zuwendung, und
dann eines nach Autorität.

Diese zeitliche Abgrenzung findet sich in der früheren Entwicklungspsychologie fast durchgängig. Das Kind »ist im
Lauf der affektiv-symbiotischen Phase zunächst an die Mutter gebunden«, erst danach kann durch Ausweitung des »sozialen Horizonts« der Vater wirklich in Erscheinung treten.[12]
Man begegnet dieser zeitlichen Abgrenzung auch bei manchen Psychiatern. So heißt es in einer Veröffentlichung gar:
»In der ganz frühen Kindheit hat das Verhalten des Vaters gegenüber seinem Kind kaum mehr Bedeutung als das jedes anderen wohlwollenden Vertrauten: Großmutter, Dienstbote

etc.«[13] Und wenn dem Vater eine eigene Rolle zuerkannt wird, dann diejenige, die Mutter zu unterstützen.[14]

Bei den Psychoanalytikern ergeht es dem Vater kaum besser, denn während der präödipalen Phase ist er dazu verdammt, im Schatten der Mutter zu bleiben, oder man sieht in ihm gar den Prototyp des Fremden. Winnicott ist in dieser Frage jedoch eher zurückhaltend: »Man kann nicht behaupten, es sei gut, dass der Vater in all diesen Fällen früh eine Rolle spielt … die Mütter können ihrem Mann eine Rolle zuweisen, wenn sie es wünschen.«[15]

In seinen ersten Aufsätzen über die frühen Bindungen des Kindes an seine Mutter erwähnt Bowlby den Vater mit keinem Wort.[16] Diese Haltung übernahm auch Spitz in seinem 1965 erschienenen Buch »Vom Säugling zum Kleinkind«[17], in dem es über die psychoaffektive Entwicklung des Kindes während des ersten Lebensjahrs geht und über den Weg zum Objekt (der Liebe).

Spuren dieser doktrinären Position finden sich auch in den neueren Veröffentlichungen von Psychoanalytikern, beispielsweise bei Françoise Dolto, die schreibt: »… dass ein Vater sich um sein Kind, solange es ein Baby ist, nicht kümmert, ist völlig normal: es ist keine Aufgabe für einen Mann.«[18] Jüngere Analytiker prangern mitunter heftig an, was sie als Marotte einiger junger Väter ansehen, und machen sich über sie als »Zweitmütter« lustig[19], die glauben, sie »wären fein raus, wenn sie sich genau verhalten wie ihre Partnerin«[20]. Sie wenden sich gegen das Modell von »Glucken-Vätern«, von Vätern, die »sich mit der Mutter identifizieren«[21]. Die Liste ließe sich beliebig fortsetzen.

Vater unter bestimmten Bedingungen

Wie soll man die Auswirkungen väterlicher Gegenwart feststellen? Und wie soll man auf die üblichen Fragen antworten: Wer ist der Vater, was tut er? Wie macht er seinen Einfluss geltend? Welche psychischen Prozesse sind dabei vorauszusetzen?

Auch hier wollen wir uns mit den Psychoanalytikern beschäftigen, nicht, um sie von vornherein zu kritisieren, sondern um die Absichten und die Grenzen ihrer Vorschläge besser zu verstehen. In der Nachfolge Freuds und mehr noch Lacans[22] wurde der indirekte Charakter der Funktion des Vaters stark hervorgehoben: Die Wirksamkeit des Vaters ist, wie es heißt, weder an die Dauer noch an die Art und Weise seiner körperlichen Gegenwart beim Kind gebunden, sondern daran, dass er die Position des Repräsentanten und Garanten des Gesetzes einnimmt. Diese Art der Existenz hat zwei Dinge zur Folge: Einerseits muss der Vater über die Mutter Zugang zu dem Kind finden und folglich im Denken und Reden der Mutter Gestalt annehmen; andererseits muss die Ausübung seiner Funktion mehr Bedeutung haben als der geschlechtliche und juristische Status der Person, die diese Funktion ausübt.

Der erste Gedanke kommt bereits in den Schriften von Winnicott zum Ausdruck: »Es hängt von der Mutter ab, ob der Vater sein Baby kennen lernt oder nicht.«[23] Dieser Idee hängen heute noch viele an. Die eigentliche väterliche Autorität, so heißt es, wird durch die Worte der Mutter begründet[24/25], denn der Vater bestimmt sich nicht selbst, sondern wird von der Mutter bestimmt.[26] In diesem Zusammenhang liest man auch: »Mutter sein bedeutet, mit seinem Kind über einen Vater zu sprechen.«[27] Oder an anderer Stelle: »Die wahre Präsenz (des Vaters) ist nicht unbedingt erforderlich, wenn er in richtiger Weise und ausreichend in den Gedanken der Mutter präsent ist.«[28]

Der zweite Gedanke kehrt wie ein Leitmotiv ständig in der psychoanalytischen Literatur wieder, so schon 1965 bei Widlöcher: »Die Funktion des Vaters ist für die Persönlichkeitsentwicklung des Kindes unerlässlich, wer auch immer die Personen oder die Institutionen sind, die sie verkörpern.«[29] Man findet diesen Gedanken auch in den neuesten orthodoxen Texten wieder, die betonen, dass der Vater viel eher eine symbolische Einheit sei als ein Wesen aus Fleisch und Blut[30] und dass die Elternfunktionen vom Unbewussten gesteuerte Prozesse[31] sind. Andere, die differenzierter, aber nicht weniger traditionell denken, begnügen sich damit, »Rolle« und »Funktion« voneinander abzugrenzen[32] oder von einer individualisierenden Funktion des Vaters zu sprechen, sofern das Kind es ihm verdankt, dass es von der Mutter getrennt und in die Generationenfolge der Familie eingereiht wird.[33]

Unermüdlich wird wiederholt, dass die Funktion des Vaters von verschiedenen Personen ausgeübt werden könne und bei Bedarf auch durch die Mutter.[34] Die Psychoanalyse stützt sich häufig auf Erkenntnisse der Geschichte, der Anthropologie und Ethnologie, um die These einer möglichen Aufteilung der Funktionen des biologischen Vaters (Erzeugers) und des sozialen Vaters (lat. *pater*) zu untermauern. Es ist allgemein bekannt, dass das Oberhaupt der römischen Familie, das die Macht verkörperte, nur dann Vater wurde, wenn es ein Kind anerkannt und adoptiert hatte: »Die Evidenz der Vaterschaft beruht allein auf der Entscheidung des Vaters.«[35] In anderen Kulturen kommt es vor, dass der soziale Vater der Bruder der Mutter, der mütterliche Onkel[36], oder eine Frau ist.[37] In den alten Familien auf den Antillen, in der die

Mutter die zentrale Figur war, wird die Funktion des Vaters oft durch die *Mère-Poto-mitan*, die Mutter der Mutter, ausgeübt. Diese allmächtige und phallische Mutter wird übrigens »die Vater« genannt. Es kommt auch vor, dass ein Kind über mehrere Väter verfügt, unter denen der Erzeuger und der *pater* als zwei verschiedene Personen auftreten.[38] Das Vorkommen dieser zwei Arten von Familienstruktur scheint die Idee zu erhärten, dass sich selbst in so genannten primitiven oder traditionellen Gesellschaften – manche meinen, gerade in diesen Gesellschaftsformen – die symbolische Ordnung manchmal von der Naturordnung ablöst und diese beherrscht.

Ist Vaterschaft auf eine Funktion beschränkt?

Das wichtigste Verdienst der Vorstellung vom »symbolischen Vater« lag darin, begreiflich zu machen, dass die Funktion des Vaters sich nicht auf die Beiträge reduzieren lässt, die der männliche Elternteil leistet, wenn er am Leben ist, genügend Zeit mit dem Kind verbringt und konkret am Abenteuer der Kindererziehung in der Familie teilnimmt. Der Einfluss, der manchmal einem Vater eingeräumt wird, der einmal da war, aber gestorben oder von der Mutter getrennt ist, ist nicht aus der Luft gegriffen. Auch wenn er körperlich abwesend ist, kann der Vater weiterhin einen Platz einnehmen, indem die Rede von ihm ist, wie man das gewöhnlich nennt, und auf gewisse Weise kann er sogar weiterhin »tätig sein«.

Die Funktion des Vaters lässt sich nicht auf die verschiedenen Rollen festlegen, die er beim Kind ausübt – Rollen, die sich selbstverständlich in Zeit und Raum verändern können. Darin liegt der Grund, weshalb man die Funktion »symbo-

lisch« nennen kann, was heißt, dass die Bedeutung des Vaters
über seine körperliche Präsenz hinausgeht, dass sich seine
Existenz nicht auf seine körperliche Gegenwart beschränkt.
Wie Anatrella es recht passend zusammengefasst hat, kann
der Platz des Vaters »dank dem positiven Bild, das die Mutter
von dem Mann haben kann, und von dem Wert, den die Gesellschaft der Vaterfunktion zumisst« näher bezeichnet werden.[39]

An dieser Stelle können der Beitrag der Psychiatrie und der
Psychoanalyse weiterhin als wichtig gelten. Wir sind alle
mehr oder weniger Erben der Auffassung vom »symbolischen
Vater« und müssen uns dessen nicht schämen. Es geht dabei
um die Beschreibung des Sachverhaltes, dass das Kind not-
wendigerweise zwei Geschlechter braucht, die sich um zwei
Pole oder Wertigkeiten bewegen, die klar voneinander unterschieden sind – die Liebe (verkörpert von der Mutterfigur)
und das Gesetz (verkörpert durch die Figur des Vaters). Es
geht weiterhin darum, dass Kinder beiderlei Geschlechts zwei
Figuren brauchen, die die Aufgabe einer Bestätigung übernehmen – die Mutter für die Tochter, der Vater für den Sohn
– und der Entdeckung – der Vater für die Tochter, die Mutter
für den Sohn. Dieser theoretische Kern, der disziplinübergrei-
fend gilt, bleibt gültig. Der klassische Diskurs der Psychiatrie
oder Psychoanalyse scheint aber heute für drei Themen, mit
denen wir uns beschäftigen, wenig erhellend zu sein. Dabei
geht es um den Ort des väterlichen Einflusses, den Moment
seines Tätigwerdens und die Art seines Handelns.

Im folgenden Kapitel möchte ich damit beginnen, diese
Überzeugung zu begründen.

Kapitel 2

Die Zeiten ändern sich

M an muss nicht auf Freud und die Ursprünge der offiziellen Psychoanalyse zurückgreifen, um herauszufinden, warum das als klassisch geltende Modell heute unzulänglich geworden ist. Es genügt, einige der großen Veränderungen zu beleuchten, die den soziologischen, institutionellen und ideologischen Kontext modifiziert haben, in dem dieses Modell bis in die zweite Hälfte des 20. Jahrhunderts Gültigkeit besaß, sagen wir bis in die sechziger, siebziger Jahre.

Der Begriff des symbolischen Vaters war strukturell von bestimmten Bedingungen abhängig, und so konnte er seine Gültigkeit nur in diesem Rahmen und nur vorübergehend behaupten.

Er stand in direktem Zusammenhang mit der Aufteilung der Elternrollen, die streng getrennt waren, in erster Linie durch die Arbeitsteilung – dem Vater war die Außenwelt, die ökonomische Funktion zugeordnet, der Mutter das Heim, der Bereich des Emotionalen.

Außerdem war dieser Begriff untrennbar mit dem Funktionieren einer Familie verbunden, die nach einem ganz bestimmten Muster konzipiert war, zu dem zwei Elternteile gehörten, und das auf Dauer angelegt war. Und darüber hinaus war er von dem Einfluss einer traditionellen Einstellung geprägt, die in vieler Hinsicht zu der heutigen Wirklichkeit nicht mehr passt.

Will man diese drei Punkte genauer untersuchen, wird sogleich deutlich, dass bestimmte Eigenschaften des früheren Modells nicht mehr gelten.

Die Professionalisierung der Frauenarbeit

Der Eintritt der Frauen in den Arbeitsmarkt stellt ein Phänomen dar, das deutlich spürbare Auswirkungen auf das soziale Leben hatte.

In den letzten Jahrzehnten ist der Anteil der Frauen im arbeitsfähigen Alter auf dem Arbeitsmarkt ständig gestiegen. 1995 waren von 27,2 Millionen Frauen im Alter von 15 bis 65 knapp 15 Millionen erwerbstätig. Damit betrug der Anteil der Frauen an der Gesamtzahl der Erwerbstätigen 42 Prozent.[1] Frauen neigen immer mehr zur bezahlten Berufsarbeit außerhalb der Familie, die Zahl der Frauen, die ein Studium absolvieren, nimmt zu.

Man sollte jedoch nicht allzu enthusiastisch sein, denn Frauen erledigen mehr Teilzeitarbeit als Männer; die Arbeitslosigkeit liegt bei Frauen höher als bei Männern; die Löhne sind niedriger, höhere Posten werden wesentlich seltener mit Frauen als mit Männern besetzt (nur zehn Prozent mittlerer Angestellter und drei Prozent der Führungskräfte sind Frauen). Eine wirtschaftliche Gleichstellung ist noch lange nicht in Sicht, dazu müssen noch ernsthafte Fortschritte erzielt werden.

Immerhin geht der Trend deutlich in Richtung einer Zunahme bezahlter Arbeit für Frauen.

Die Versorgung der Kinder

Eine direkte Folge dieser Verlagerung weiblicher Arbeit ist, dass die Mütter weniger Zeit für ihre Kinder haben und Hilfe brauchen, um ihre Kleinen zu »hüten« (oder außerhalb der Schulzeit die Älteren zu versorgen). Frauen wenden sich je nach Neigung, Möglichkeiten in ihrer Nähe, und je nach Geldbeutel der Eltern an Einrichtungen wie Krippen, Kinderfrauen mit oder ohne Ausbildung und sehr oft auch an Mitglieder der Familie. Auch die Väter sind angesprochen. Wie viele reagieren darauf? Nur sehr wenige, glaubt man den letzten Erkenntnissen über Kinderversorgung.[2]

Ein hoher Anteil aller Kinder (etwa 80 Prozent) lebt dabei in Haushalten mit beiden leiblichen Eltern. Die meisten werden von der Mutter versorgt. Dieses Verhältnis muss man mit dem Einfluss der Kinderzahl auf die Berufstätigkeit von Frauen in Zusammenhang bringen. 1996 hatten 39,9 Prozent der Frauen mit höherqualifizierter Ausbildung zwischen 35 und 44 Jahren keine Kinder. Allgemein hatten zum gleichen Zeitpunkt im alten Bundesgebiet 25,4 Prozent und in den neuen Bundesländern 9,4 Prozent der 35- bis 39-Jährigen kein Kind.[3]

Die Teilung der Hausarbeit

Obwohl Frauen Zugang zum Arbeitsmarkt haben, hat sich bei der Aufteilung der Verantwortung für die Versorgung der Kinder zwischen den beiden Elternteilen kaum etwas geändert. Jedoch beteiligen sich Väter an der Hausarbeit und besonders an der Kinderversorgung in höherem Maß als früher. Soziologen sprechen allerdings nicht von Gleichheit in der Aufgabenverteilung, sondern eher von weniger Ungleichheit,

»einer vernünftigen Ungleichheit«[4], und von zunehmendem
Engagement der Väter besonders gegenüber Kleinkindern.[5]
Bei Ehepaaren mit einem Kind unter sechs Jahren verbringt
die Frau im Durchschnitt pro Tag sieben Stunden bei der
Hausarbeit, davon gelten 2,5 Stunden der Kinderbetreuung.[6]

Wie groß die Beteiligung der Väter ist, ist schwer zu sagen,
da bei den Umfragen das »gesellschaftlich Erwünschte« die
Ergebnisse nach oben fälscht. Neue Zahlen jedoch, die auch
unsere eigenen Untersuchungen[7] bestätigen, zeigen, dass die
Zeit, die Väter mit ihren Kindern verbringen, seit den sechziger Jahren und sogar seit den achtziger Jahren des letzten
Jahrhunderts deutlich zugenommen hat.

Genügt dies? Sicher nicht! Die letzten Ergebnisse stimmen
nicht gerade optimistisch: Über 60 Prozent der Männer, so
heißt es, beteiligen sich nicht an Erziehung und Haushalt[8]
und die Frauen erledigen immer noch die meiste Arbeit.[9] Die
Doppelbelastung, gegen die sich zahlreiche Frauenorganisa-
tionen und Gewerkschaften zur Wehr setzen, ist noch lange
nicht beseitigt.

Wie auch immer die Hausarbeit geteilt wird, die Veränderung der Lebensbedingungen hat erheblich dazu beigetragen,
die übliche Unterscheidung der Elternrollen infrage zu stellen; das Klischee von der Hausfrau und Mutter hat, wenigstens in den Köpfen, an Glanz verloren. Die klare Trennung
zwischen der gebärenden und für Nahrung sorgenden Frau
und dem Geld verdienenden Mann (Gegenüberstellung und
Ergänzung zwischen der Mutter als Hausfrau und dem Vater
als Brotverdiener) oder, wie es manchmal zugespitzt formu-
liert wird, zwischen den Funktionen von Reproduktion und
Produktion, hält den Anforderungen modernen Denkens
nicht mehr stand. Frauen mit Kindern verlangen die »Gleichstellung der Geschlechter«, und die Väter werden, freiwillig

oder gezwungen, immer mehr dazu gebracht, sich an der Verwirklichung dieses Ziels zu beteiligen.

Betreuung außerhalb der Familie gibt es nicht für alle. 67,1 Prozent der Drei- bis Fünfjährigen besuchten 1996 Kindergarten oder Kindertagesstätte. 59,4 Prozent aller ostdeutschen sechs- bis siebenjährigen Schüler besuchten nach der Schule einen Kinderhort.[10]

Die wachsende Vielfalt familiärer Konfigurationen

Nach einigen Jahren des Umbruchs, in denen traditionelle Familienstrukturen immer mehr ins Wanken gerieten und sich neue Formen des Zusammenlebens herausbildeten, haben sich die Verhältnisse stabilisiert.

Eine Institution in kompletter Verwirrung

Was berechtigt dazu, heute von einer gewissen Ruhepause zu sprechen, nachdem zuerst von einem »großen Durcheinander«[11] oder einer »grundlegenden Umwälzung«[12] die Rede war?

Fest steht nun, dass Frauen immer weniger Kinder bekommen. Zwar wünscht sich die Mehrzahl der Frauen in Deutschland zwei Kinder, aber nur wenige haben mehr als eins.[13] Die Zahl der Eheschließungen nimmt ab, aber die Familie genießt nach wie vor hohe Wertschätzung. »Das Familienleben überschreitet Haushaltsgrenzen. Der Trend zu Einpersonenhaushalten oder Kleinfamilien bedeutet nicht die Auflösung der Familie, sondern dass bei geänderten Wohnformen weiterhin ein intensives Familienleben gepflegt wird.«[14]

Untersuchungen von Lebensweisen, Lebenswegen und manchmal auch verschiedenen Lebensniveaus müssen den Veränderungen der Familie Rechnung tragen. Nur in diesem Rahmen können Vorstellungen und Praktiken von Erziehung begriffen, neu geordnet und neu definiert werden. In diesem Zusammenhang muss man auch die klassischen Merkmale der Funktion der Mutter und des Vaters infrage stellen.

Das Thema Vaterschaft erhält besonders durch ein Phänomen, nämlich die neuen Lebensformen von Kindern mit einem Elternteil, eine neue Dimension. Grund für diese immer häufiger vorkommende Art des Zusammenlebens ist die Instabilität von Partnerbeziehungen. Der traditionelle Familienbegriff lässt sich nicht mehr aufrechterhalten und muss neu entwickelt werden. Immer mehr Kinder leben mit einem Elternteil, mehreren Elternteilen oder gleichgeschlechtlichen Eltern. Warum ist dies ein entscheidender Faktor für die Frage nach der Rolle des Vaters? Einfach deshalb, weil die »bunte Vielfalt von heute«[15] das Problem des fehlenden Vaters in all seiner Brisanz deutlich macht, nämlich das, was man in einem verharmlosenden Euphemismus inzwischen die Schwächung der Vater-Kind-Bindung nennt. Diese Diagnose wird auf der Grundlage einiger weniger feststehender soziodemographischer Gegebenheiten gestellt.

Nach der Trennung wohnen die Kinder, was auch immer der Grund für das Auseinandergehen der Eltern war, in den allermeisten Fällen bei der Mutter (86 Prozent haben wir festgestellt). Den Anteil der Kinder, die beim Vater wohnen, schätzt man auf 9 Prozent.[16]

Von allen französischen Kindern, die bei der Mutter leben, sehen 30 Prozent ihren Vater nie wieder[17], in Deutschland ist es sogar mehr als die Hälfte, deren Kontakt zum Vater, oft nach einer gewissen Zeitspanne, mehr oder weniger völlig verloren geht.[18] Werden die Beziehungen zum Vater aufrechterhalten, sehen die Kinder ihn indes häufiger als früher. Dennoch ist die Höhe solcher Quoten beunruhigend.

Ein Mosaik von Familienstrukturen

Vorbei sind die Zeiten, in denen die Abwesenheit des Vaters sich daraus ergab, dass Ehemann oder Mutter starben oder dass er länger von zu Hause fort war (bei Matrosen, Handelsreisenden etc.). Heutzutage muss man seine Abwesenheit mit der Lebenssituation der Mutter in Verbindung bringen (freiwilliges oder unfreiwilliges Unverheiratetsein), aber auch mit der Neustrukturierung von Familien und der Elternschaft Homosexueller. Bevor wir diese Arten von Abwesenheit des Vaters darstellen, möchte ich festhalten, dass noch 75 Prozent aller Kinder unter 18 mit beiden Eltern zusammenleben.[19] Hieran lässt sich erkennen, wie viele Kinder keine bei ihnen anwesende Väter haben, deutlich wird aber auch, dass man das kürzlich in den USA aufgestellte Verdikt vom *Fatherless America*[20], einem Amerika ohne Väter, nicht auf Europa übertragen kann.

Familien mit einem Elternteil:
Wenn kein Vater an der Erziehung beteiligt ist

Familien, die dem Kriterium »allein erziehend« entsprechen, (Kinder unter 18, die nur mit einem Elternteil leben), machten 1995 etwa 15,7 Prozent in den alten und 28,5 Prozent in den neuen Bundesländern aus.[21] Insgesamt gibt es 1,64 Millionen Alleinerziehender, von denen 85,5 Prozent allein erziehende Mütter sind.[22]

Ihr Anteil ist, wie man weiß, in den letzten Jahrzehnten beträchtlich gestiegen. Man weiß auch, dass Alleinerziehende meistens Frauen sind. In den benachteiligten Schichten gibt es sehr häufig allein erziehende Eltern, zwischen 1985 und 1995 nahm die Zahl solcher Familien in der armen Bevölkerung dreimal so schnell zu als anderswo. 77 Prozent der allein erziehenden Frauen mit Klein- und Vorschulkindern liegen mit ihrem Einkommen unterhalb der Sozialhilfegrenze.[23] Dies entspricht in etwa den Zahlen in den USA oder in Großbritannien.

Oft wird die soziale Situation der allein erziehenden Mütter erschwert, weil die Väter keinen Unterhalt zahlen: 1978 wurde ermittelt, dass allein stehende Mütter und ihre Kinder oft nur unregelmäßig Unterhaltszahlungen erhalten, besonders häufig Alleinerziehende mit Kleinkindern.[24]

Seit 1980 ist durch das Unterhaltsvorschussgesetz (UBG) der Mindestunterhalt gesichert, auch bei ungeklärter Vaterschaft. Dieser Vorschuss wird an Alleinerziehende gezahlt, die keinen oder zu wenig Unterhalt vom anderen Elternteil erhalten. Ein gerichtliches Unterhaltsurteil ist nicht erforderlich. Allein erziehende Frauen sind aus wirtschaftlichen Gründen häufiger erwerbstätig als die verheirateten Mütter. Die Möglichkeit zu arbeiten gewährt zum einen Einkünfte, zum anderen soziale Kontakte.

Wichtiger als die Zahl und der Anteil ist die genauere Betrachtung der Zusammensetzung der Familien: Sechs Siebtel der Alleinerziehenden sind Mutter-Kind-Familien, nur ein Siebtel allein erziehende Väter. Drei von fünf Allein erziehenden sind verheiratet, getrennt lebend oder geschieden, ein Fünftel verwitwet und ebenfalls ein Fünftel ledig. Allein erziehende Väter sind häufiger verwitwet (27 Prozent), allein erziehende Mütter öfter ledig, besonders in Ostdeutschland.

Bei aller Verschiedenheit ihres Familienstands ist fast all diesen Gruppen eines gemein: Der Mutter fehlt ein regelmäßiger Partner, der als erziehender Vater fungiert.

Neu gebildete Familien: geschiedene Väter und Stiefväter

So nennt man Familien, »in denen ein Kind mit einem seiner beiden Eltern und dessen neuem Partner lebt«.[25] Will man die Art und Weise ihrer Zusammensetzung und die häufigste Form berücksichtigen, kann man hinzufügen, dass es sich um Konstellationen handelt, in denen »nach einer Trennung der Eltern durch neue Partner, Halbbrüder und Halbschwestern bisweilen komplexe Verwandtschaftsbeziehungen entstehen«.[26]

Natürlich muss man, wenn man an diese Frage herangeht, darauf achten, dass die Neubildung von Familien mit der Zunahme der Scheidungen und Trennungen in Zusammenhang steht – in den vergangenen Jahrzehnten stieg die Scheidungsquote erheblich: 1960 waren es 48.878, 1970 76.520, 1980 98.222 und 1995 147.945[27] – und dass diese Neustrukturierung immer häufiger ein Teilabschnitt des Lebens ist, der auf bereits allein oder als Paar gelebte Abschnitte folgt oder ihnen vorausgeht. Man hat deshalb neuerdings betont, dass solche Familien »ihren Sinn nur in der Zeitlichkeit individueller und familiärer Biographien haben«.[28] Derselben Denkweise entspricht die Rede vom »Zyklus der Neubildungen«.[29]

Man kann Forsetzungsfamilien nur schwer zahlenmäßig erfassen, oft wird bei Neubildung von Familien auf eine Eheschließung verzichtet. Sicher ist immerhin, dass seit den sechziger und siebziger Jahren des 20. Jahrhunderts die Zahl der Kinder, die in neu gebildeten Familien leben, ständig gewachsen ist. Stützt man sich auf die Ergebnisse des Statistischen

Bundesamts von 1995, leben 86 Prozent der Kinder unter 18 in der befragten Gruppe mit beiden leiblichen Eltern zusammen. 84 Prozent aller Minderjährigen lebten bei Ehepaaren, 17 Prozent zwischen 15 und 17 wohnten bei unverheirateten oder verheiratet-getrennt lebenden Müttern und Vätern. (In Ostdeutschland hatten 24, 5 Prozent aller Kinder unter drei Jahren eine ledige Mutter.)[30] Die Zahl der neu gebildeten Lebensgemeinschaften scheint seit 1999 konstant.

Demographen und Soziologen betonen, wie unterschiedlich die neu zusammengesetzten Lebensgemeinschaften sind (die familiäre Situation der Kinder und die Arten von Familien sind in der Tat sehr verschieden). Im Bereich der Rechtsprechung hat man sich seit 1998 den neuen Gegebenheiten stark angepasst mit der Gleichstellung der ehelich und nichtehelich Geborenen, der Stärkung der Stellung des Kindes sowie der Rolle und Stellung des Vaters.[31] Psychologen fragen nach den Folgen einer familiären Veränderung, die ein Kind in die schwierige Lage bringt, mit zwei Arten von Eltern zu leben: mit den ersten Eltern (verheiratet oder nicht), mit denen sich ein erster gemeinsamer Lebensabschnitt vollzogen hat, und der Person, die der neue Elternteil wird, der Stiefvater oder die Stiefmutter in einer neuen Gemeinschaft. Die Schwierigkeiten nehmen oft noch dadurch zu, dass die Beziehungen zwischen Geschwistern aus der ersten Lebensgemeinschaft in ihrer Dynamik gestört werden, weil jedes Kind nun seinen Stellenwert neu entdecken muss, in einer neuen Gruppe, zu der auch Halbgeschwister oder Vize-Geschwister gehören.

Ob es sich um »Übergänge«, besonders »sensible Zeitspannen«, um durch Trennung und neue Bindungen entstandene »Krisen« handelt, man ist sich heute einig, dass psychologische Arbeit notwendig ist, um mit einem eventuellen »Verlust von genealogischen Anhaltspunkten« und »Unklarheit der eigenen Identität« umzugehen.[32] Aber die Forscher von heute sehen Probleme im Zusammenhang mit der Neubildung von Familien nicht mehr als unnormal an[33] und glauben auch nicht, dass dieser Prozess unbedingt zu Frustrationen führen muss.

Zur Frage der Dynamik der Beziehungen zwischen einem geschiedenen oder getrennt lebenden Vater zu seinem Kind haben wir bereits gesagt, dass die Beziehungen sich oft verschlechtern, sich im Lauf der Zeit ganz auflösen, doch würden wir der Sache nicht gerecht, wenn wir nicht betonten, dass es einer Minderheit von Vätern gelingt, die Beziehung zu den Kindern aufrechtzuerhalten und manchmal sogar die Qualität der Beziehung aus der Zeit vor der Trennung zu verbessern. Wir alle kennen Väter, die darum gekämpft haben, ihr(e) Kind(er) weiterhin sehen zu können oder, wenn die Wohnungen nicht zu weit auseinander liegen, ein gemeinsames Sorgerecht durchzusetzen. Wir wissen auch, dass manche Väter sich in Gruppen zusammenschließen, die die Rechte des Vaters schützen. Natürlich ist es schwieriger für einen Vater, sein Kind zu erziehen, wenn er nur zwei Wochenenden im Monat und in der Hälfte der Schulferien mit ihm zusammen ist.

Die Beziehungen zwischen Stiefvater und Stiefkind sind mindestens ebenso schwierig. Es gibt zwei Arten von Strategie. In manchen Situationen versucht der Stiefvater dem Kind gegenüber den Ersatzvater zu spielen. Er glaubt, jetzt die Aufgabe »der Ernährung, moralischen und beruflichen Erziehung, der Übertragung eines Namens und seiner Güter«[34] übernehmen zu können. In anderen, immer häufiger werdenden Situationen geht die Tendenz dahin, den biologischen Vater nicht zu vergessen, und aus dem Stiefvater einen

»zusätzlichen Elternteil« zu machen. Der Vater behält den Status eines Elternteils neben der Mutter (die leibliche Beziehung wird respektiert), und der Stiefvater erhält die Rolle des Tutors, des Vertrauten, der sich um die Ernährung kümmert und täglich anwesend ist.[35]

Familien mit gleichgeschlechtlichen Eltern

Seit ein paar Jahren wird die Existenz einer bestimmten Art von Familie nicht mehr verschwiegen: Familien mit gleichgeschlechtlichen Eltern. Wie viele gibt es? Was weiß man über ihre Zusammensetzung und über ihr Funktionieren? In Deutschland liegen amtliche Zahlen – noch nicht vor.

In Frankreich schätzt man die Anzahl von Homosexuellen, die in Partnerschaft leben, auf 60 000 (also 30 000 Paare) und nach einer Umfrage unter 1040 Homosexuellen und Lesbierinnen von 1997, die das Institut BSP für die Zeitschrift *Têtu* durchführte, leben etwa 10 Prozent homosexueller Erwachsener mit einem Kind: 11 Prozent bei den Lesben (aber 45 Prozent hätten gern eines); 7 Prozent bei den Schwulen (aber 36 Prozent hätten gern eines). Diese Zahlen lassen das Ausmaß des Phänomens erkennen. Andererseits können sie nicht beanspruchen, die soziale Wirklichkeit exakt wiederzugeben.

Zum Vergleich nennen wir hier die Schätzungen, die kürzlich in den USA und den Niederlanden vorgenommen wurden. In den Niederlanden gibt es etwa 20 000 Kinder mit homosexuellen Vätern, in den USA eine bis fünf Millionen lesbische Mütter und eine bis drei Millionen homosexuelle Väter (man sieht, die Palette ist breit). Auch wenn es übertrieben scheint, von einem *gayby-boom* (analog zum *baby-boom* der Nachkriegszeit) zu sprechen, man kann das Phänomen homosexueller Eltern nicht mehr einfach ignorieren.

Wie setzen sich diese Familien zusammen? Meistens erziehen die Paare »eines oder mehrere Kinder, die in einer früheren heterosexuellen Beziehung gezeugt wurden«.[36] Es kommt auch vor, allerdings weniger häufig, dass sich das homosexuelle Paar auf anderem Weg Kinder zulegt. Es bewirbt sich um eine Adoption. Dabei erklärt sich der Antragsteller für ledig und kaschiert seine Homosexualität, damit sein Antrag nicht von vornherein abgelehnt wird. Oder das Paar greift unter Umgehung der gesetzlichen Vorschriften auf künstliche Befruchtung zurück bzw. es nutzt das System der Leihmütter – diese Art der Schwangerschaft zugunsten anderer ist allerdings verboten. Oder es sucht noch verschiedene andere Wege – heimliche künstliche Befruchtung bzw. gemeinsame Elternschaft zu viert zwischen einem schwulen und einem lesbischen Paar.

Es ist kaum möglich, genau zu sagen, wie häufig solche Versuche sind, mithilfe von anderen Eltern zu werden, man weiß jedoch, dass es sie gibt. So schätzt man, dass sich 1998 hundert französische Lesben im Ausland künstlich befruchten ließen.[37] Manche Länder sind auf diesem Gebiet tatsächlich toleranter: Adoptionen von Homosexuellen werden in den Niederlanden ins Auge gefasst (der Gesetzentwurf liegt vor), im Staat New Jersey gelten sie als legal. In Belgien, Holland und Kalifornien dürfen Frauen sich künstlich befruchten lassen, wenn sie einen Samenspender haben. Kurz gesagt, die Permissivität in Fragen von Adoption und künstlicher Befruchtung ist sehr unterschiedlich.

In Frankreich kämpft die Vereinigung homosexueller Eltern und künftiger Eltern (APGL, gegründet 1986) um die Anerkennung homosexueller Elternschaft. Die Vereinigung ist der Meinung, dass sich hier nur die andere sexuelle Orientierung der Erwachsenen manifestiert. Eine Orientierung, die immer häufiger »eine akzeptable Art, seine Sexualität zu leben« genannt wird. Auch sei sie für die Kinder, ganz im Gegensatz zu dem, was jene behaupten, die Homosexualität fürchten, kein Grund, psychische Störungen zu entwickeln und auch keine Anstiftung zur Homosexualität. Um zu beweisen, dass es für Homosexuelle normal ist, sich Kinder zu wünschen, und dass Kinder, die von Schwulen oder Lesben erzogen werden, durchaus normal sein können, stützt sich die Vereinigung auf amerikanische Untersuchungen, die zeigen, dass es keine schädigende Auswirkungen auf die Kinder hat, weil keine Forschungen das Gegenteil nachweisen konnten.[38]

1997 hat eine Studie gezeigt, dass keines der negativen Klischees über *Gay Fathers* und ihre Kinder gerechtfertigt ist. Homosexuellen Vätern wird ebenso wie heterosexuellen zugetraut, ihren Kindern ein familiäres Umfeld zu schaffen, in dem sie sich entwickeln und ihre Persönlichkeit entfalten können.[39] In jüngster Zeit, 1999, zog eine von der American Psychological Association herausgegebene Zeitschrift einen ähnlichen Schluss: Nichts weist darauf hin, dass Lesben und Schwule nicht in der Lage wären, Eltern zu sein; nichts weist darauf hin, dass die psychosoziale Entwicklung von Kindern homosexueller Eltern gegenüber der von Kindern heterosexueller Eltern zurücksteht.[40]

In Frankreich und Deutschland gibt es noch sehr wenig Arbeiten zu diesem Problem, doch die wissenschaftliche Redlichkeit verlangt Zurückhaltung, bevor man sich mit Sachkenntnis und Gelassenheit dazu äußert. Viele, die sich für eine homosexuelle Lebensweise entschieden haben, teilen die Meinung, Kinder zu haben, sei für diese unschädlich, auch wenn manche einräumen, dass es für ihr(e) Kind(er) nicht immer einfach gewesen sei. Das Fehlen einer Identifikations-

figur für Jungen, die von Lesben aufgezogen werden, ist be-
kanntlich ein Problem, selbst wenn die beiden Erwachsenen
die Rolle der Mutter und des »Dritten« übernehmen (oder
wenn die beiden Frauen manchmal einen Mann, der außerhalb steht, um Hilfe bei der Erziehung bitten); auch die Spöt-
teleien und Beschimpfungen der Klassenkameraden sind
manchmal schwer zu verkraften …

Vereinigungen von Schwulen und Lesben weisen zurzeit
darauf hin, wie wichtig es sei, offiziell gegen die Angst vor
Homosexualität vorzugehen und sexuelle Gleichheit anzuerkennen (»Gleichheit unter den Geschlechtern und Gleichheit
unter den Geschlechterbeziehungen«). Sie fordern darüber
hinaus, das »Delikt der Provokation von Homosexuellen-
Hass« strafbar zu machen.

Was immer aus diesen Forderungen wird, ein Gesetz zur
Anerkennung homosexueller Paare wurde im November
2000 im Deutschen Bundestag eingebracht. Zwei erwachsene
Menschen gleichen Geschlechts sollen künftig einen Vertrag
schließen können, der ihr gemeinsames Leben regelt. So werden durch Gesetz Rechte im Bereich der Finanzen, der sozialen Versorgung, der Erbfolge, der Wohnung eingeräumt.
Hiermit wäre ein wichtiger Schritt zur Anerkennung gleich-
geschlechtlicher Lebensformen getan. Auch die Elternschaft
Homosexueller wird künftig stärker thematisiert werden, in
jedem Fall aber wird Homosexualität künftig auch in die soziale Gesetzgebung Eingang finden.

Die Wandlung von Ideen und Verhaltensweisen

Es wird Zeit, die dritte Art von Veränderungen anzusprechen, die das Modell des »symbolischen Vaters« teilweise überflüssig macht: »die Entwicklung der Einstellungen«[41]. Man kann diese messen, indem man hintereinander die beiden Geschlechtern gemeinsamen und jedem Geschlecht eigenen Vorstellungen voneinander unterscheidet.

Eine neue Sicht der Beziehungen innerhalb der Familie

Außer den für bestimmte Milieus (ethnische Gruppen, sozio-ökonomische und berufsbezogene Kategorien) typischen Merkmalen kann man Ideentrends ausmachen, die unsere Zeit und Gesellschaft prägen. Sie drehen sich um mehrere Themen und Ziele, die mit Veränderung zu tun haben.

Erstens: Die Familie wird immer weniger als eine Organisation von Rollenzuweisungen wahrgenommen (Elternteil/ Kind, Mutter/Vater) und immer mehr als ein Ort, an dem Gefühle maßgeblich sind[42], ein Ort, an dem sich das Ich, die Identität eines jeden Einzelnen entwickelt; ein Ort, an dem sich eine Persönlichkeit entwickelt und ihre Prägung erfährt.

Zweitens: Die Elternschaft wird mehr und mehr als Verpflichtung eines Paares angesehen: Mutter und Vater gelten als gemeinsam verantwortlich für die Geburtenregelung (im Bedarfsfall auch unter Zuhilfenahme von medizinischen Befruchtungstechniken), auch bei den emotional belastenden Beschäftigungen wie Warten auf die Geburt, dem Entgegennehmen des Kindes, und ebenso in der Festlegung und Umsetzung der Erziehungsziele.

Drittens: Man neigt immer mehr dazu, das Kind als aktives Wesen anzusehen (und nicht als Untertan), mit Fähigkeiten, die sich sehr früh entwickeln. Man glaubt, es werde durch den regelmäßigen Besuch einer Einrichtung gefördert, die vor der Schulzeit stattfindet und auf die Schule vorbereitet. Man schreibt ihm unveräußerliche Rechte zu, vor allem das Recht auf Schutz und Bildung (die internationale Konvention für die Rechte des Kindes wurde 1989 vor knapp zehn Jahren unterzeichnet!).

Diese neue Art und Weise, zu empfinden und zu urteilen, hat die Dogmen erschüttert, die galten, als das Modell der so genannten klassischen Vaterschaft entwickelt wurde; sie hat sogar den gelehrten Begriff der »symbolischen Ordnung« ins Wanken gebracht, an dem Lévi-Strauss, Lacan und den Hütern der klassischen Familie so sehr lag.

Frauen und Männer auf der Suche nach einer neuen Elternidentität

Die Erschütterung der alten Denkweise wird durch spezifische Wünsche und Forderungen der Männer und Frauen noch unterstrichen.

Die Frauen haben zu Recht gekämpft, um Gleichheit in der Partnerschaft, der Arbeitswelt, im politischen und kulturellen Leben zu erlangen, und manche ihrer heutigen Rechte haben sie erst im Lauf der letzten drei Jahrzehnte errungen.[43] Zumeist waren sie bereit, einen Teil ihrer Macht als Mutter und im Haus abzugeben – für mehr Anerkennung ihrer Würde als Mensch. Laut neuesten Untersuchungen setzen sie sich insbesondere für die Teilung der Verantwortung im Allgemeinen und für die Aufteilung der Arbeit im Haushalt im Besonderen ein.

Auch die Männer sind von den Veränderungen betroffen. Immer mehr geben das traditionelle Prinzip väterlicher Macht auf (wozu auch das berüchtigte Recht gehört, körperlich zu strafen); sie haben die eigene Empfindsamkeit entdeckt, gehen liebevoll mit ihren Kindern um, sind bereit, bei sich selbst eine Art »ernährendes Ich« zu entdecken, das mit männlicher Identität durchaus vereinbar ist; sie zeigen Interesse an der Entwicklung ihres Kindes während der ersten Lebensjahre und nicht erst, wenn ihre Kinder »das Vernunftalter« erreicht haben.

Die Meinungen und Einstellungen der Eltern haben sich so sehr verändert, dass sie alte Gewohnheiten und Normen sozialer Vaterschaft, wie sie in Sitten und Gesetzen verankert sind, infrage stellen, aber auch manche Bestandteile der psychologischen Vaterschaft: Frauen nehmen es nicht mehr hin, dass man sie auf ihre Mutterrolle einschränkt. Männer freunden sich immer mehr mit der Idee einer vielseitigen, spontanen und direkten Vaterschaft an, auch wenn eine große Zahl heutiger Väter dies noch mehr in die Praxis umsetzen muss.

KAPITEL 3

DIE ÖFFNUNG ZUR WELT
DER VATER ALS FÖRDERER DER
SOZIALISATION

Wo immer seine Grenzen liegen, der klassische Begriff vom »symbolischen Vater« hat das Verdienst, die Sozialisierungsfunktion des Vaters zu betonen: als Vertreter des Gesetzes und Inbegriff des Bezugs zum sozialen Umfeld hilft der Vater dem Kind, sich der Welt der anderen zu öffnen, die Fähigkeit der Selbstbeherrschung zu erwerben und den Wunsch nach positiver Selbstbestätigung zu entwickeln.

Bei der Frage nach den äußeren Determinanten von Nichtanpassung, Verhaltensstörungen und Gewalt (von Unhöflichkeit bis zur Kriminalität), von denen eine zunehmend Besorgnis erregende Zahl von Kindern und Jugendlichen betroffen ist[1], sollte man den Beitrag der Familie für die Identitätsentwicklung, die Förderung von Wertbewusstsein und Anerkennung von Pflichten, die normalerweise durch die Elternfunktion im Allgemeinen[2] und die Vaterfunktion im Besonderen geleistet werden, nicht unterschätzen[3].

Der Kampf gegen Gewalt und Kriminalität spielt in der öffentlichen Diskussion eine zunehmende Rolle und wird auch von Politikern zunehmend ernst genommen.

Die Verantwortung für die Autoritätskrise wird dabei vorwiegend den Eltern zugeschoben: Die einen beschuldigen sie, ihre Verantwortung nicht mehr wahrzunehmen, die anderen, in erster Linie Psychologen, werfen ihnen mangelnde Durchsetzungsfähigkeit vor, und alle gemeinsam betonen den Niedergang der Vaterfunktion und die Unfähigkeit der Väter, ihre Rolle als Vermittler zwischen Familie und Gesellschaft zu spielen und sich dem Konflikt mit der neuen Generation zu stellen. Nichts von dem, was über den wichtigen Beitrag des Vaters von der ödipalen Phase an, von der Latenzzeit bis zur Pubertät, gesagt und hundertfach wiederholt worden ist, gibt es zurückzunehmen. Es ist wesentlich für ein Kind, dass es die aufbauende Wirkung erleben kann, die Psychoanalyse und Psychiatrie übereinstimmend der Vaterfunktion zuschreiben, die Bildung eines Rückgrats, das, wie es Colette Chiland gern ausdrückt, zum »aufrechten Gang« befähigt.

Dennoch erweist sich die Definition, nach der die Funktion des Vaters dem Autoritätsbedürfnis des Kindes entspricht, aus der Sicht der heutigen Entwicklungspsychologie als viel zu eng. Deshalb zu eng, weil sie die anderen Möglichkeiten väterlicher Einflussnahme ausschließt und zugleich die anderen für sein Handeln ebenfalls empfänglichen Bereiche beim Kind nicht mit einbezieht. Zwei weniger bekannte Aspekte des sozialisierenden Einflusses des Vaters verdienen in diesem Zusammenhang unsere Aufmerksamkeit: Die Brückenfunktion zwischen der Gruppe der Familie und der der Gleichaltrigen und die differenzierte Geschlechterentwicklung.

Der Vater als »Abschussrampe«

Wenn wir weiter unten vom Spracherwerb, dem Aufbau der Intelligenz und der Gefühlsdynamik des Kleinkindes sprechen, werden wir uns auf dem Gebiet der frühen Sozialisation bewegen. In jedem dieser Bereiche werden wir auf ein

Kind stoßen, das sich auf der Suche nach seiner Identität vorwärts bewegt. Diese Identität entwickelt sich als etwas anderes als die der anderen und als identisch mit sich selbst (Prozess der Individuation) und in der Aneignung von Instrumenten, Techniken und dargebotenen Werten, die von der Umwelt vorgeschlagen oder vorgeschrieben werden (Prozess der Akkulturation), ein doppeltes Vorwärtsschreiten, das man auch die »soziopersonelle Entwicklung« nennen kann.[4] An dieser Stelle begnügen wir uns damit, einen Bereich anzusprechen, der in besonderer Weise mit dem Sozialisationsprozess zu tun hat: der Bekräftigung des Ich unter Gleichen.

Sich zu sozialisieren, bedeutet zu lernen, seine Rolle in der »horizontalen« Gruppe (der der Spielgefährten) zu spielen, was heißt, seine wachsende Identität zu erkennen und sich zugleich Regeln zu unterwerfen, die Grundlage jeglichen Gemeinschaftslebens sind. Der zunehmende Erwerb dieser Fähigkeiten führt über die mögliche Erfahrung von Rivalität, Teilen und Zusammenarbeit in einer Gruppe von Gleichen, und vor allem über die Einführung in das Leben einer Gemeinschaft in einem Kindergarten oder einer Kita.

Man kann sich also fragen, inwiefern das Erlernen sozialer Fähigkeiten etwas mit der frühen Gegenwart des Vaters beim Kind zu tun hat.[5] Jenseits der Lenkungsfunktion, die üblicherweise seiner erzieherischen Rolle zugeschrieben wird und die bei Umfragen von Eltern immer betont wird (Aussprechen von Verboten, Mahnung zur Ordnung und Strafen) scheint es, dass der Vater auf unauffälligere Weise vorbereitend auf die soziale Eingliederung des Kindes wirkt – durch eine Vielfalt von Verhaltensweisen, vor allem beim Spiel, die man bei kleinen Kindern vom Ende des ersten Lebensjahrs an beobachten kann und noch mehr im Lauf des zweiten und dritten Lebensjahres. So trainiert und fördert er bestimmte Fähigkeiten, die für die Beziehung des Kindes zu anderen Kindern unerlässlich sind.

Abenteuer und Durchsetzungsvermögen

Durch seine Neckereien, seine Versuche, das Kind zu verwirren, bringt der Vater es dazu, sich an Neues zu gewöhnen, neue Lösungen zu finden. Dies hat vor allem eine Untersuchung gezeigt, die Spiele zwischen Mutter und Kind sowie Vater und Kind mit ungewohnten Gegenständen verglich.[6] Eine andere Studie ähnlicher Art, bei der »freies Spiel« beobachtet wurde, hat dasselbe ergeben.[7]

Durch seine Neigung, das Kind zu Erkundungen und Abenteuern auf gefährlichem Gelände zu veranlassen, regt der Vater es an und bereitet es darauf vor, mit ungewissen Situationen umzugehen, sich auf Gefahren einzulassen: Wir haben dies selbst nachweisen können, als wir die Interaktionen beider Eltern mit ihren Babys im Schwimmbad beobachteten.[8]

Der Vater bringt sein Kind durch die Herausforderungen, die er an es stellt, durch seine Art, es zur Lösung von Problemen ohne Hilfe von Erwachsenen anzuregen, dazu, sich auf seine eigenen Kräfte zu verlassen und auf der Suche nach positiven Ergebnissen durchzuhalten. Auch dies hat sich bei den neuesten Forschungen über die belehrende Interaktion zwischen Eltern und Kind beim Spiel mit Bauklötzen erwiesen (wir kommen darauf noch auf S. 72 f. zu sprechen).

Anerkennung von Regeln und Respekt vor dem Gegner

Durch seine Neigung, Kinder zu Körperspielen anzuregen (Kitzeln und andere Bewegungsreize), Wettrennen, Springen, Ballwerfen etc. und durch Spiele mit einem Gegner (simulierte Kämpfe) trägt der Vater dazu bei, das Kind zur Beachtung von Regeln und Respekt vor seinem Gegenüber anzuregen. Zu diesem Schluss kamen unter anderem Mac Donald und Parke in ihrer Untersuchung über Kinder zwischen drei und fünf Jahren – 14 Mädchen und 13 Jungen.[9]

Die Strategie bestand darin, die Interaktionen zu bewerten, die sie bei Spielen von Kindern mit beiden Eltern und auch mit Klassenkameraden beobachtet hatten. Dann wurde die Untersuchung durch von Lehrern mitgeteilte Beliebtheitsskalen und durch die Beurteilung sozialen Verhaltens ergänzt. Als man beide Ergebnisreihen miteinander verglich, zeigte sich, dass die Qualität der Beziehungen zu den Gleichaltrigen positiv von bestimmten Merkmalen des elterlichen Spielverhaltens beeinflusst wird, besonders durch den emotionalen Beitrag der Väter und ihrem besonderen Sinn für körperliches Spiel.

Alles deutet darauf hin, dass Kinder beim Austausch mit dem Vater schon vor der Schulzeit den Wert der sozialen Kommunikation ihrer eigenen Affekte begreifen sowie den Gebrauch dieser Signale bei der Regulierung des Sozialverhaltens anderer. Sie lernen auch, die sozialen und affektiven Botschaften der anderen Gruppenmitglieder genau zu entziffern – eine Errungenschaft, die sie auf den Weg der eigentlichen sozialen Integration führt.

Diese Informationen über den Vergleich der Spiele von Mutter und Kind bzw. Vater und Kind zeigen, wie viel Bewegung ein Vater in den ersten Jahren in das Leben eines Kindes bringen kann: Der Vater des kleinen Kindes sieht Situationen voraus[10], benennt sie und zeigt Kindern ihre Möglichkeiten und Grenzen. Er schafft Vertrauen, sich selbst zu äußern und zu bewerten. Hierdurch bringt er das kleine Kind dazu, sich in Konfrontation zu üben. Er hilft dem Kind, den Graben zwischen Selbstbestätigung in der Familie und Selbstbestätigung in der Gruppe Gleichaltriger zu überbrücken (*bridging the gap*).

Integration und Konfliktlösung

In unserer Forschungsgruppe wurde diese Problematik zweimal genauer betrachtet. 1993 konnten wir zeigen[11], dass die für die soziale Entwicklung des Kindes günstigste Familienkonstellation diejenige ist, bei der die Erziehungsfunktion des Vaters sowohl ausreichend vorhanden ist als sich auch genügend von der der Mutter unterscheidet. Diese Konfiguration (G3) wurde mit zwei anderen verglichen, die als weniger günstig galten: Vater wenig beteiligt (G1); Vater und Mutter nur wenig unterschieden (G2). Die drei Kategorien G1, G2, G3 wurden auf der Grundlage eines Fragebogens ermittelt. Die Beobachtung der Kinder fand 40 Minuten lang bei freiem Spiel im Rahmen des Kindergartens statt.

Die zehn Kinder von drei Jahren, die zur Familienkategorie G3 gehörten, erwiesen sich als diejenigen, die am besten in die Spielgruppe integriert waren: Ihr Sozialverhalten war erheblich weiter entwickelt (weniger Einzelaktionen und mehr gemeinsames Spiel), ihre Offenheit gegenüber anderen entschieden größer (mehr sozialer Kontakt, bessere Eingliederung und mehr Altruismus).

Die andere, neuere Untersuchung wurde an größeren Kindern (zwischen drei und fünf Jahren) vorgenommen. Wir stellten hierbei die Frage, ob sich der Einfluss des Vaters in der Familie erkennbar im sozialen Verhalten der Vorschulkinder niederschlug und wie er zu bewerten sei.[12] Zu diesem Zweck stellten wir eine Erhebung mittels Fragebogen an, bei der drei Gruppen von Eltern einander gegenübergestellt wurden. Die »engagierten und sich voneinander unterscheidenden«; die »wenig engagierten und unterschiedlichen«; und die »engagierten und nicht unterschiedlichen«.

Der Vorteil der Kinder der ersten Gruppe zeigte sich an einem ganz besonderen Sozialisationskriterium: der Fähigkeit, mit Konflikten zwischen Personen umzugehen und sie zu lösen (diese Kompetenz wurde bei einem freien Spiel, das mit Vorgesprächen, einigen Anweisungen und der Hilfe von Bildern vorbereitet war, ermittelt). Die Kinder der ersten Gruppe schienen eher in der Lage, »zu ermessen, was bei einer Konfliktsituation auf dem Spiel stand«. Während des Spielablaufs zeigten sie »weniger konfliktgeladene Interaktionen mit ihresgleichen, weniger Aggressivität und mehr gemeinschaftliches Handeln als ihre Kameraden«. Wenn sie in einen Konflikt verwickelt waren, »griffen sie vorwiegend auf stummes Einvernehmen zurück, um ihn zu lösen«. Als sie auf Bildern konflikthafte Interaktionen bemerkten, waren sie in der Lage, »ihren Kameraden ihren Standpunkt zu erklären«, und akzeptierten oft »unterschiedliche Meinungen, ohne gleich eine konfliktbelastete Situation herbeizuführen«. Sie entschieden sich eher für die »Wirkung des Wortes« als für einen »körperlichen Angriff«. Alle diese Ergebnisse sprechen für einen positiven Beitrag des Vaters für die Art und Weise der Konfliktbewältigung.

Der Vater verstärkt die Geschlechterrollen

Es gibt einen weiteren wichtigen Aspekt der Sozialisation, der sich weniger auf einen Bereich oder auf spezifische Inhalte bezieht als auf eine allgemeine Orientierung, die mit der Geschlechtszugehörigkeit des Kindes zu tun hat: die Geschlechtersozialisation oder auch die je nach Geschlecht andere Sozialisation. Wir sprechen in diesem Zusammenhang von allgemeiner Orientierung, weil sich die Sozialisation aufgrund unspezifischer Lernmechanismen vollzieht (Nachahmung von Vorbildern aufseiten des Kindes, und Bekräftigung vonseiten der Eltern) und weil sie viele Bereiche des normalen Gemeinschaftslebens berühren: Hinführung zum Erfolg, Kontrolle, Sanktionen, Herzlichkeit von Beziehungen, Ermutigung zur Unabhängigkeit und zu verschiedenen Verhaltensformen, die den Geschlechterrollen entsprechen …

Was wissen wir heute über den Stellenwert des Vaters im Sozialisationsprozess der Geschlechter? Die wissenschaftliche Literatur ist reich an Forschungsberichten. Um uns nicht mit der Durchsicht mehrerer hundert Untersuchungen zu verzetteln, geben wir hier die wichtigsten Merkmale wieder, indem wir unsere Nachforschungen auf die letzten 15 Jahre beschränken.

Für männliche Söhne und weibliche Töchter

In den 1970er-Jahren, als die Geschlechterrollentheorie viele Anhänger fand[13], war man von der Bedeutung der Anregungen und des Drucks vonseiten der Eltern bei der geschlechterorientierten Herausbildung kindlichen Sozialverhaltens fest überzeugt. Ein solches Verhalten, durch das ein Individuum dem Geschlecht, dem es angehört, konform werden soll, wird *sex-typing* genannt. Vergleicht man die Art der Versorgung und Erziehung von Kindern, so wird deutlich, dass Mütter und Väter bei Jungen und Mädchen unterschiedliche Persönlichkeitsmerkmale erwarten. Jungen werden angehalten, unabhängig, ehrgeizig, Herren ihrer Gefühle etc. zu sein oder es zu werden; Mädchen sollen liebenswürdig, großzügig, anziehend etc. sein.

So führte die erste Bilanz der Arbeiten, die Interaktionen von Eltern und Kindern[14] untersuchten, zu dem Ergebnis, dass die Art, wie Eltern ihre kleinen Kinder behandeln, wesentlich von deren Geschlecht abhängig ist. Mütter wie Väter geben Jungen »kontingentere« (d.h. genau den Fragen entsprechende) Antworten als Mädchen, und Väter von Jungen antworten zweimal so häufig kontingent und positiv auf Fragen als Väter von Mädchen. Spielsachen für Jungen eignen sich eher als die für Mädchen, um Dinge zu erfinden oder auszuprobieren; Mädchenspielsachen hingegen halten zur Nachahmung an. Eltern neigen auch dazu, männliche Kleinkinder eher körperlich anzuregen und ihnen mehr Erkundungsfreiheit zu lassen als Mädchen. Dabei üben Väter, und dies erscheint mir wichtig, mehr Zwang als die Mütter aus, um bei den Kindern unterschiedliche Verhaltensweisen zu fördern: Männer sind mehr darauf aus als ihre Partnerinnen, bei Jungen den Umgang mit Gegenständen, Problemlösungen und die Beherrschung der Dingwelt zu fördern und bei Mädchen Expressivität, Beziehungen untereinander, also Bereiche, die auch mit Abhängigkeit zu tun haben. Väter spielen bei der Spezialisierung der Geschlechter gegenüber Müttern also offenkundig eine stärkere Rolle.

Diese Schlussfolgerung findet sich auch in einer Metaanalyse, die 1987 durchgeführt wurde[15]: Von den Vätern heißt es darin, dass sie zwischen Jungen und Mädchen mehr Unter-

schiede erzeugen als die Mütter. Bei 39 Studien, die sich mit
dem Verhalten von Eltern bei der nach Geschlechtern unterschiedlichen Sozialisierung beschäftigen, ergaben sich bei 20
Studien für die Väter deutlich andere Ergebnisse, ob sie sich
auf Jungen oder Mädchen beziehen (in neun Fällen sind die
Kinder unter zwei Jahren alt; in den elf anderen Fällen zwischen zwei und zwölf). Wenn Mütter überhaupt geschlechts-
spezifische Unterschiede machen, fallen sie nur sehr gering
aus.

Worin bestehen die nachgewiesenen Unterschiede bei den
Vätern? Bei den Kleinen neigen sie meistens dazu, Jungen als
stärker und kräftiger anzusehen, sie oft zu berühren, ihre körperbetonten Spiele und Erkundungen zu unterstützen. Mit
den Großen sind sie konsequenter, strenger, weniger liebevoll,
körperbezogener und bestimmender, greifen (mit positiver
oder negativer Verstärkung) bei den Jungen mehr ein als bei
Mädchen. Kurz, das »sex typing« des Vaters ist vor allem im
Bereich von Disziplin und körperlicher Betätigung spürbar;
im Bereich der Zuneigung und der normalen Sprache ist es
eher gering zu veranschlagen. Solche Schlussfolgerungen sind
auf traditionelle Familien anwendbar, die noch durch verschiedenen sozioprofessionellen Status und unterschiedliche
Geschlechterrollen charakterisiert sind.

Auf dem Weg zu einer relativen Uniformisierung

Im Zug einer substanzielleren Metaanalyse, in die man 72
Untersuchungen einbezog[16], wurde die Tragweite dieser
These in jüngster Zeit eingeschränkt und die meisten festgestellten Wirkungen wurden als unbedeutend oder schwach
eingestuft. Bei Untersuchungen in den USA zeigte sich, dass
beide Eltern dazu neigen, bei ihren Kindern geschlechtstypi-

sche Aktivitäten zu fördern. Aus den Untersuchungen anderer westlicher Länder geht hervor, dass körperliche Züchtigung vorwiegend bei Jungen angewandt wird.

Im Ganzen ergibt sich jedoch, dass Väter bei ihrem Umgang mit Jungen und Mädchen mehr Unterschiede machen als Mütter (der Unterschied wird bei als typisch männlich geltenden Zügen besonders deutlich). Der einzige Bereich, in dem sich die Unterscheidung Mutter/Vater als statistisch signifikant erweist, ist übrigens der der Kontrolle: Väter sind deutlich restriktiver als Mütter.

Das Phänomen unterschiedlicher Sozialisation wird eigentlich nicht infrage gestellt, aber das Ausmaß ihrer Auswirkungen und die Zahl der psychologischen Bereiche, die davon betroffen sind, sind zurückgegangen. Alles vollzieht sich so, als sei der geringe Unterschied zwischen den elterlichen Geschlechterrollen (die bekannte Tendenz zur relativen Angleichung von Verhalten und Einstellungen) auch nur von geringem Druck in Hinblick auf Konformität von Geschlechterrollen bei den Kindern begleitet, ohne dass dabei die traditionelle Neigung der Väter, die Unterschiede im Zusammenhang mit dem Geschlecht des Jungen und des Mädchens zu betonen und die Geschlechterrolle des Jungen zu formen, ganz verschwunden wäre.[17]

Bis andere weit reichende Ergebnisse veröffentlicht werden, kann man sich auf von uns kürzlich erzielte Forschungsresultate stützen, die sich bei sozioökonomisch und soziokulturell recht gut situierten Familien ergeben haben, die sich einer Gruppe für Baby-Schwimmen angeschlossen hatten. Die wiederholte Beobachtung von Interaktionen zwischen Eltern und Kleinkindern (Jungen und Mädchen) im Wasser legt den Gedanken nahe, dass heutzutage der Variable Geschlecht (von Kindern und Eltern) wesentlich weniger Bedeutung zukommt als zu Zeiten, als die Unterscheidung von Elternrollen als normal und in gewissem Maß als wünschenswert galt.[18]

Bei der Unterscheidung von schützendem Umgang und anregendem Umgang mit Kindern haben wir schwimmende Babys in drei Altersstufen untersucht (1994 ein Jahr; 1997 achtzehn Monate, 1998 drei Jahre) und das dabei anfallende Austauschverhalten mit ihren Eltern analysiert. Bei diversen Spielen im Wasser in einem öffentlichen Bad kamen wir zu einigen interessanten Ergebnissen:

Betrachtet man die Ergebnisse von Müttern und Vätern in ihrem absoluten Wert (ohne das Geschlecht des Kindes, mit dem sie zu tun haben, zu berücksichtigen), schlagen sich die Unterschiede nur in Ausnahmen statistisch nieder: Zum Beispiel neigen Väter eher als Mütter dazu, das Kind beim Tragen mit dem Gesicht nach vorn zu halten. Die allgemeine Tendenz aber verläuft in Richtung einer gewissen Vereinheitlichung des Verhaltens und im Hinblick auf die quantitativen Ergebnisse allein scheint das biologische Geschlecht des Elternteils keinen Unterschied zu bewirken.

Betrachtet man die Resultate von Müttern und Vätern im Hinblick auf das biologische Geschlecht der Kinder, gibt es kaum oder nur an wenigen Stellen Unterschiede. Der allgemeine Trend geht auch hier in Richtung einer quantitativen Gleichheit des Elternverhaltens.

Darüber hinaus scheinen diese Trends nicht an einen äußeren Effekt gebunden zu sein. Wir haben zuletzt (1999) bei einer Gruppe von elf Jungen von 18 Monaten festgestellt, dass die relative Uniformierung des Verhaltens von Eltern nicht nur ihren Umgang mit Kindern im Wasser, sondern auch »an Land« bestimmte (es handelte sich um Spiele in der Wohnung der Familie). Mütter wie Väter griffen im Wasser mehr ein als außerhalb, waren aber nahezu ebenso beschützend wie anregend, wenn man sie in beiden Kontexten miteinander verglich, in denen sie mit ihrem Kind gespielt hatten.

Dennoch sind wir überzeugt, dass die »Stil«-Unterschiede wieder zum Vorschein kommen würden, wenn man bei einer Untersuchung nicht Väter und Mütter (als biologisch getrennt voneinander), sondern eher die elterlichen Vorstellungen von Geschlechterrollen einander gegenüberstellen würde. Man kann voraussehen, dass traditionell eingestellte Eltern sich von moderner eingestellten in dem Maße unterscheiden würden, in dem Erstere eher dazu neigten, dem Geschlechterstereotyp (Vater regt an, Mutter schützt) zu folgen und Letztere offener für Flexibilität im Denken und Verhalten eintreten würden (Väter und Mütter sind gleichermaßen darauf bedacht, Anregungen und Schutz harmonisch miteinander zu verbinden). Eine solche Studie würde sich lohnen.

Aber wie immer es um diese Vermutung steht, die Neigung zur relativen Vereinheitlichung von Denken und Handeln auf diesem Gebiet besteht. Doch stellt sie sicherlich noch nicht jene Differenzierung der Geschlechter infrage, sich zu fühlen, sich zu wollen und sich zu identifizieren, die unsere psychoanalytisch orientierten Kollegen besonders eng mit den Elternfunktionen in Zusammenhang bringen.

Kapitel 4

Das Erwachen der Kompetenzen beim Kind Der Vater als lehrer

B ei der Beschreibung des Vaters als Sozialisationsvermitt- ler haben wir bereits begonnen, die üblichen Wege des Diskurses über die Funktion des Vaters zu verlassen. Nun wollen wir versuchen, einen zweiten Erkundungsgang in we- niger erforschte Gebiete zu unternehmen und zwar mithilfe von wissenschaftlichen Untersuchungen über die didaktische Rolle des Vaters – eine »Eltern«-Rolle, welche die klassische Psychologie fast ausschließlich bei der Mutter untersuchte. Eine »Vater«-Rolle, die man heute als Teilnahme am System von Lehre und Lernen innerhalb der Familienstruktur be- trachten kann.

Der Vater als Partner in der Kommunikation

Selbst wenn es üblich ist, das Kommunikationsrepertoire des Kindes auf die Gesamtheit der Mittel auszuweiten, über die es verfügt, um mit anderen zu interagieren, also auf die Voka- lisation, die Mimik und Gestik, die in der ersten Phase der Ich-Werdung (Ontogenese) in Erscheinung treten, beschrän- ken wir uns hier auf die Untersuchung des vorsprachlichen und sprachlichen Austauschs. Ich sage bewusst Austausch, denn es geht darum, allen Partnern, den Eltern auf der einen und dem Kind auf der anderen Seite, die Rolle von Darstellern, Mitspielern zuzuweisen.

Halten wir zunächst fest, dass die Kommunikation zwischen Eltern und Kleinkind auf der Grundlage von Merkmalen stattfindet, die vom Elternstatus des Gegenübers unabhängig sind. Mutter und Vater stellen sich beinahe auf gleiche Weise auf das Entwicklungsniveau des Babys ein: auf gleiche Weise sprechen sie auf einem hohen Tonregister und auf gleiche Art reden sie mit ihm in vereinfachter Sprache (Sprache die *motherese* genannt wird). Im Übrigen hat auch der Gebrauch von verschiedenen grammatischen Formen die Aufmerksamkeit der Psychologen gefunden, doch ist man hier inzwischen zu recht widersprüchlichen Ergebnissen gekommen: Unterschiede und Ähnlichkeiten zwischen der Sprache der Mütter und der der Väter werden nicht so recht deutlich.[1]

Über Besonderheiten im Bereich der Semantik, also der Untersuchung des Verhältnisses von Zeichen und Gegenständen, weiß man inzwischen etwas mehr, und zwar aus der Untersuchung der Beziehungen zwischen den Zeichen und dem Sprecher. Diese Unterdisziplin der Linguistik, Pragmatik, hat das Ziel, die Verwendung der Sprache »durch wirkliche menschliche Wesen in wirklichen Situationen« zu beschreiben.[2] In diesem Zusammenhang räumt sie dem Kontext, innerhalb dessen sich die Gesprächsteilnehmer befinden, einen zentralen Stellenwert ein und gibt der sozialen Funktion der Sprache den Vorrang[3]: Sie verweist auf die instrumentale Funktion (die darauf abzielt, etwas vom Gesprächspartner zu erhalten); die regulative Funktion (die darauf ausgerichtet ist, das Verhalten des Gegenübers zu kontrollieren); die interaktionelle Funktion (die die Begrüßungen, Respektbezeugungen und Kontaktaufnahme mit dem Gegenüber betrifft).

Diese drei Funktionen, die Halliday zwischen 1975 und 1985 herausfand, ermöglichen es, Sprache als Mittel der Einwirkung auf die Außenwelt anzusehen: Heute spricht man allgemein vom Sprechakt und hält sich mehr und mehr an die Klassifizierung von Vanderveken, um zu unterscheiden, wie sich die diversen Handlungstypen wie Bestätigung, Steuerung, Versprechen, Ausdruck und Erklärung aufteilen.[4]

Muttersprache und Vatersprache

Das präzisere Vokabular der Väter

Eine interessante Beobachtung hat die Feststellung ermöglicht, dass die Väter gegenüber kleineren Kindern dazu neigen, weniger vertraute Wörter zu verwenden als die, welche im Grundmuster der Sprechweise von Müttern vorkommen.[5] Bei einer Untersuchung von acht Müttern und Vätern und Kindern beiderlei Geschlechts (vier Jungen und vier Mädchen) zwischen einem und 1,5 bis 2 Jahren wurde das Vokabular der Eltern in freien Spielsituationen analysiert.

Dabei stellte sich heraus, dass die Unterschiede zwischen den Eltern mit dem Gebrauch von Begriffen zu tun hatten. Väter verwendeten mehr seltene Wörter und weniger gewöhnliche Wörter, die zum lexikalischen Repertoire von Kindern gehören (die Unterschiede sind statistisch signifikant).[6]

Gegenüber Babys von dreizehn Monaten unterschieden die Väter zwischen wilden Tieren aus Afrika (Tiger, Leopard) und Haustieren (Hund, Katze); Mütter hingegen bemühten sich, das Verständnis der Babys zu erleichtern, indem sie vertrautere Namen verwendeten, die von bekannten Tieren. Auf die gleiche Art wurde das kleine Trampolin »Trommel« genannt, der Kompass »Uhr«, der Hockeyschläger »Hauer«. Das Bedürfnis, sich verständlich zu machen, hatte Vorrang vor den sprachlichen Regeln. Im Bereich des Vokabulars erwiesen sich die Väter im Vergleich zu den Müttern als die schwierigeren Gesprächspartner.

»Schwerhörige Väter«

Im Bereich der Funktionalität waren die Unterschiede zwischen Eltern ebenso spürbar. Mehrere Arbeiten aus jüngster Zeit beweisen dies.

Bei der Beobachtung von Kindern zwischen 15 und 21 Monaten und ihren Eltern stellte sich heraus, dass Vätern besonders daran lag, durch Nachfragen Klarheit zu schaffen.[7] In dieser Studie, die sich auf das Gesprächsverhalten in natürlichen Situationen beschränkte, verstanden die Väter öfter als die Mütter nicht, was die Kinder sagten, und sie stellten häufiger als ihre weiblichen Partner Fragen, die das Kind aufforderten, die Dinge erneut zu sagen (Was? Was hast du gesagt?).

Damit verdoppeln Väter die Schwierigkeiten, die durch ihr komplizierteres Vokabular entstanden sind, und zwingen das Kind, sich auch weniger vertrauten Gesprächspartnern, als es die Mütter sind, verständlich zu machen, ihre Sprache den Konventionen anzupassen.

Die beiden empirischen Untersuchungsreihen können als Bestätigung der 1975 von Gleason vorgelegten Theorie verstanden werden: Wegen ihrer höheren Forderungen wirken Väter als »sprachliche Brücke« zwischen der frühen dyadischen Sprache und der späteren polyadischen (d.h. mit mehreren Gesprächspartnern), wie es im gesellschaftlichen Umfeld der Fall ist.

In einer anderen Studie über etwas größere Kinder (durchschnittlich 22 Monate bei der ersten Sitzung, 26 Monate bei der zweiten) hat man das Sprachverhalten der Eltern mit dem Geschlecht der Kinder in Zusammenhang gebracht.[8] Ziel war es, zu beschreiben und zu messen, auf welche Weise Mutter und Vater ihr ältestes Kind gegenüber einem jüngeren Bruder oder einer jüngeren Schwester zum Handeln ermutigten. Aus den Schlussfolgerungen der Untersuchung geht hervor, dass Väter nicht nur nachdrücklicher auftraten (sie werden im Vergleich zu den Müttern als instrumenteller charakterisiert), sondern auch, dass sie ihr Sprechverhalten je nach dem Geschlecht ihres älteren Kindes verändern. Sie reagieren häufiger als Mütter auf Gesten und Wörter des Kindes, wenn es männlich ist. Vermutlich sehen sie in dieser Art und Weise einer passenden Antwort ein Mittel, die Fähigkeit des Jungen zu fördern, sich zu beherrschen und unabhängig zu werden. Mütter kommunizieren im Übrigen eher so, dass sie das Register der »Gemeinschaftlichkeit« verwenden (man betrachtet sie als ausdrucksstärker als die Väter), aber auch sie reagieren auf das Geschlecht ihres älteren Kindes: Sie versuchen häufiger als ihre männlichen Partner, emotionalen Kontakt herzustellen und mit dem Kind zu stimmlich zu kommunizieren, wenn es ein Mädchen ist. Väter sind gegenüber Söhnen wiederum verständnisbereiter als gegenüber Mädchen.

Väter, die direktiver sind

Um in der kontrovers behandelten Frage über eine unterschiedliche Handhabung von Direktiven gegenüber dem Kind mehr Klarheit zu finden, also die Versuche des Sprechers, beim Zuhörer etwas zu erreichen, wurde eine Untersuchung über sprachliches Verhalten von Vätern und Müttern durchgeführt, die dazu aufgefordert waren, mit ihren Kindern zu spielen.[9] Die Gruppe bestand aus zehn Jungen und zehn Mädchen zwischen 20 und 23 Monaten; die Spielsachen (im ganzen fünf) ließen offene Spiele und kleine Aufgaben zur Lösung von Problemen zu.

Die Analyse, die darauf beruhte, das Auftreten verschiedener sprachlicher Codes bei den Eltern zu ermitteln, hat bewiesen, dass Väter öfter als Mütter zu bestimmten Handlungen auffordern, wobei es fast immer um die Realisierung einer Aufgabe geht (Beispiel: »Jetzt tu dies dahin«). Mütter zeichnen sich durch eine häufigere Verwendung von Expressiva aus, also Botschaften, die einen seelischen Zustand benennen und emotionalen Inhalts sind (zum Beispiel sagen sie »Sehr gut!«, nachdem dem Kind etwas gelungen ist). Dass Väter häufiger zum Handeln auffordern, ist ein weiteres Argument für die These von der anregenden Funktion des Vaters: Diese Funktion übt er über die Sprache aus.

Die Wirkungen des Kontextes

Die Besonderheiten der Sprache der beiden Eltern werden von Entwicklungspsychologen immer mehr als objektive Gegebenheiten anerkannt, manche neuere Arbeiten jedoch sind der Meinung, dass zu dem geschlechtlichen ein weiterer unterscheidender Faktor hinzukommt: die Situation, in der die Interaktion stattfindet. So hat man beispielsweise nachgewiesen, dass die festgehaltenen Unterschiede im Konversationsstil von vier Müttern und Vätern (eine leider etwas geringe Anzahl) gegenüber ihren Kindern zwischen zwei Jahren und zwei Monaten bis zwei Jahren und fünf Monaten zugleich vom Geschlecht des Elternteils und vom Kontext des jeweiligen Austausches abhingen (Baden, Essen, Malen, Spiel mit einem Spielzeug, Küche etc.).[10]

Geschlechtstypisch wurden die quantitativen Unterschiede zwischen bestimmten von den Eltern benutzten sprachlichen Wendungen deutlich. So benutzten Väter eher Frageformen vom Typ »Wer? Wann? Wo?«, Mütter hingegen Fragen, auf die eine Ja/Nein-Antwort erfolgt. Der Kontext brachte noch andere Unterschiede sprachlicher Formen und Funktionen hervor: Bei der Routine der täglichen Versorgung zeigten beide Eltern ein direktives Verhalten, bei den Spiel-Aktivitäten hingegen konnten die Kinder sprachliche Initiativen vonseiten beider Eltern mehr für sich nutzen.

Ohne die These vom geschlechtsbedingten Unterschied im Verhalten der Eltern infrage zu stellen, genauer gesagt die Vorstellung, dass Väter Kinder sprachlich mehr fordern als Mütter, geben diese Ergebnisse Anlass, die vorher gezogenen Schlüsse zu differenzieren und die Wirkungen des Kontextes stärker zu berücksichtigen.

Die Sprache des Kindes

Im zweiten Lebensjahr sind die sprachlichen Errungenschaften des Kindes so weit gediehen, dass man es als Gesprächspartner in Betracht ziehen kann. Seit kurzem weiß man, dass sein Kommunikationsverhalten »seine Kenntnisse oder Erwartungen im Hinblick auf die Eigenschaften der Eltern widerspiegelt«.[11] Die Anpassung des Kindes an die Eigenschaften der Eltern wurde in drei verschiedenen kommunikativen Situationen nachgewiesen. Bei der Führung des Dialogs, der Anpassung an die jeweilige Aufforderungsform und der unterschiedlichen Verteilung von Botschaften an die Eltern.

Kinder sind sicherer, von der Mutter verstanden zu werden

In einer bereits erwähnten Studie[12] wurde entdeckt, dass im Fall, in dem ein Elternteil nicht antwortet, Kinder eher darauf beharren, den Dialog mit der Mutter wieder aufzunehmen als mit dem Vater. Alles vollzieht sich so, als ob die Kinder wüssten, dass sie bei ihm weniger Chancen haben, eine Antwort zu erhalten, als bei ihr. Außerdem sind bei Wiederaufnahme des Dialogs Themenänderungen gegenüber dem Ausgangsthema beim Vater, die Rückkehr zum Ausgangsthema bei der Mutter häufiger. Die Wiederaufnahme des Themas wird so interpretiert, dass das Kind überzeugt ist, die Mutter sei eher als der Vater in der Lage, das ursprüngliche Thema zu verstehen und zu akzeptieren. Die vorher erworbenen sozialen Kenntnisse des Kindes werden also von ihm selbst schon mit 15–20 Monaten angewandt.

Kinder, die vor dem Vater mehr Respekt haben

Zugleich hat man sich mit der Auswirkung des Geschlechts des Elternteils auf die Form der Fragen von Kindern beschäftigt (Fragen vom Typ »Bitte!« »Darf ich das machen?« »Kannst du mir helfen?«). Offenbar waren diese zwischen zwei und elf Jahre alt und äußerten sich in natürlichen Situationen. Die Autoren der Studie ziehen den Schluss, dass die jüngsten Kinder (zwischen zwei und drei Jahren) gegenüber dem Vater mehr Höflichkeitsfloskeln verwenden als gegenüber der Mutter: Dies sind Zeichen von Respekt, manchmal von sprachlichen Modulationen begleitet – gegenüber Müttern insistieren Kinder gerne –, die sich auf Erfahrungen bei der Kommunikation mit beiden Eltern gründeten.[13]

Zu ähnlichen Ergebnissen kamen kürzlich in Frankreich

durchgeführte Forschungen: Im Fall einer Nicht-Antwort werden neu formulierte Fragen, wenn sie an die Mutter gerichtet sind, häufiger durch Betonung oder eine bestimmte Gestik hervorgehoben.[14] Eine Feststellung, aus der der Schluss gezogen wird, dass »kleine Kinder gegenüber der Mutter fordernder sind als gegenüber dem Vater«.[15]

Kinder, die sich nicht in gleicher Weise an ihre beiden Eltern richten

Die Untersuchung über die Verteilung von Botschaften vonseiten des Kindes entstand in den letzten Jahren. 1995 kam man zu dem Schluss, dass Kinder von 20–23 Monaten häufiger ihre Väter als ihre Mütter bitten, etwas zu tun, und dass auch ihre Botschaften, die sich auf die Verwirklichung einer Aufgabe beziehen, gegenüber dem Vater häufiger sind als gegenüber der Mutter.[16] Umgekehrt werden Gefühle gegenüber der Mutter öfter zum Ausdruck gebracht. Diese beiden Ergebnisse geben echoartig wieder, was sich schon bei den Eltern gezeigt hatte.

Jüngst wurde die Untersuchung noch erweitert, indem man nicht nur das Geschlecht der Eltern, sondern auch den Aktionstypus mit einbezog, das offene Spiel und die Problemlösung.[17] Zwei Kindergruppen wurden mit 15 Monaten und 22 Monaten beobachtet, immer mit demselben Ziel: zu erfahren, wie sich die Art und Funktion der Kommunikation aufteilt, je nachdem, ob das Kind mit der Mutter oder dem Vater zu tun hat. Es hat sich herausgestellt, dass die Bitte, etwas zu tun, die Beziehung zum Vater charakterisierte, das Zeigen von Gefühlen die zur Mutter, und der Unterschied im Alter von 15 Monaten statistisch erfassbar, mit 22 Monaten aber nur der Tendenz nach zu beurteilen war. Im Übrigen hat sich gezeigt, dass sich das Verhalten der Kinder nicht entsprechend dem Typ der damit verbundenen Aktivität ändert. In diesem Fall spielt die soziale Komponente der Kommunikationssituation und nicht die Art des Umgangs mit dem Gegenstand die Hauptrolle. Wenn es 15 Monate alt ist, kann sich das Kind den Besonderheiten eines jeden Elternteils offensichtlich anpassen.

Kinder, die sich anpassen

Wichtigstes Ziel dieser Untersuchungen ist es, die Idee zu vermitteln, dass die Unterschiede im kommunikativen Verhalten von Müttern und Vätern sich nicht nur auf bestimmte Verhaltensformen beschränken, die durch ein experimentelles Herangehen an die Sprache der Eltern objektivierbar sind. Denn mit großer Wahrscheinlichkeit kann man annehmen, dass Eltern durch ihre Sprache auf Kinder einwirken, indem sie teilweise andere Wege beschreiten; vor allem lässt sich vermuten, dass die Kinder nicht für passive Empfänger gehalten werden dürfen. Sie reagieren auf ihre Mutter einfach anders als auf ihren Vater, beides soziale Partner, die sie schon lange kennen, sie reagieren auf jeden von ihnen verschieden, weil sie wissen, dass sie nicht von beiden mit derselben Antwort rechnen können. In diesem Sinn kann und muss der Vater zur Entwicklung des Kindes und zur Entwicklung der Sprache durch die Sprache beitragen.

Der Vater als Tutor beim kognitiven Lernen

Ebenso wie wir den Bereich des nonverbalen Kommunikationsverhalten nur gestreift haben, um uns dann der Untersuchung des Sprachverhaltens zu widmen, wollen wir uns auch nicht lange bei den spielerischen Interaktionen, die das erste Jahr im Leben eines Kindes charakterisieren, aufhalten. Es sind noch keine kognitiven Interaktionen im eigentlichen Sinne.[18]

Unter Anleitung lernen

Die Untersuchung der kognitiven Entwicklung des Kindes räumt heute dem Lernen »unter Anleitung« einen wichtigen Platz ein. Es handelt sich um eine bereits komplexe Interaktion, an der zwei Partner von stark verschiedenem Status beteiligt sind: einerseits der Erwachsene als »Experte«, andererseits das Kind als »Novize«.[19] Diese Asymmetrie ihres Stellenwerts eignet sich besonders für die Illustration zweier grundlegender Prinzipien beim Aufbau der Intelligenz, die der sowjetische Psychologe Wygotski unterstrichen hat.

Erstens: Die interpsychische Phase der kulturellen Entwicklung geht der intrapsychischen Phase voraus, was soviel heißt, dass die individuelle Entwicklung in der kollektiven (soziohistorischen) verankert ist. Jede Funktion taucht nach Wygotski zweimal auf und zwar zunächst im sozialen Bereich und danach auf individueller Ebene. Und er betonte, dass die soziale Ebene für das Kind im Netz seiner Beziehungen zu den Menschen seiner Umgebung Realität zu werden beginnt.

Zweitens: Jedes Kind wird zugleich durch das Niveau seiner Realisationsfähigkeiten charakterisiert, das es durch sich selbst erreichen kann (aktuelles, bestehendes Niveau), und eine höhere Ebene, die es dank der in Anspruch genommenen Hilfe der Erwachsenen erreichen kann (potenzielles Niveau). Zwischen diesen beiden Ebenen liegt das berühmte »Gesetz der Zone der nächsten Entwicklung«, der Raum, der das aktuelle von dem potenziellen Niveau trennt. Dieser Begriff ist nicht rein theoretisch, denn durch ihn kann definiert werden, worin eine wirksame Unterstützung besteht: Sie sollte sich nicht zu nah am Ist-Zustand orientieren, denn sonst würde das Kind nicht nennenswert vorwärts kommen; aber auch nicht zu weit von dieser Ebene entfernt, denn dies wäre zu schwierig, und das Kind würde es nicht schaffen, der Höhe der Erwartungen des Erwachsenen zu entsprechen.

In der Folge und auf der Basis der früheren Texte von Wygotski[20] hat der amerikanische Psychologe Bruner vor kurzem einen anderen Begriff entwickelt, der in der Kognitionspsychologie der letzten Jahrzehnte vielfach verwendet wird, den Begriff eines »stützenden Gerüstes«.[21] Zu verstehen ist darunter die Hilfestellung, die ein Experte einem Schüler (*learner*) gibt, wenn es ein Problem zu lösen gilt. Es geht mit anderen Worten um die Gesamtheit der Eingriffe, die ein Elternteil (oder jeder andere Betreuer) vornimmt, um das Kind zum angestrebten Ziel zu führen[22] – zum Beispiel ein vorgegebenes Bild zu erstellen, indem man farbige Würfel zusammensetzt. Bruner betont, dass »der allgemeine Mechanismus solcher Interaktionen zwischen Erwachsenen und Kindern der Aufbau von ›Formaten‹ ist, die die Handlungen der Kinder einrahmen und die Veränderung ihres aktuellen Niveaus in Zusammenhang mit ihrem potenziellen Niveau ermöglichen«.[23] Was ist unter Format zu verstehen? Sagen wir, es handelt sich um »die Basisstruktur eines prototypischen Austauschs« oder noch einfacher um ein Interaktionsschema wie »guten Tag winken« oder »ja, wo ist er denn?«.[24] Fügen wir hinzu, dass diejenige Hilfe wirksam ist, die im richtigen Moment geleistet wird, im Zusammenhang mit der Antwort des Kindes (die kontingent genannt wird) und genau die richtige

Länge besitzt (in der Zone der nächsten Entwicklung, hätte Wygotski gesagt).

Bruner hat anhand der Beschreibung einer Interaktion, mit der »eine Erzieherin Kindern von drei, vier und fünf Jahren beizubringen versuchte, wie sie einen bestimmten dreidimensionalen Bau (Pyramide) errichten sollten«, und dabei ein »Können voraussetzte, das von vornherein zu hoch für sie war«, mit zahlreichen Details den Prozess des »stützenden Gerüstes«[25] analysiert. Halten wir fest, dass es sechs Funktionen der Betreuung gibt: Anheuerung (Interesse wecken); Einschränkung des Spielraums (die Aufgabe vereinfachen und Lücken ausfüllen); die Orientierung aufrechterhalten (das definierte Ziel weiter zu verfolgen); auf entscheidende Merkmale hinweisen (Abweichungen deutlich machen); Frustrationsbeherrschung; Demonstration (Lösungsmodelle vorschlagen).

Von dieser grundlegenden Untersuchung ausgehend, haben Arbeiten über helfende Interaktionen in ihrer weiteren Entwicklung zwei Tendenzen verfolgt: Man hat immer jüngere Kinder beobachtet (Dreijährige und sogar Zweijährige) und begonnen, zwei verschiedene Arten des Eingreifens von Vätern und Müttern zu vergleichen. Zu welchen Schlussfolgerungen ist man im Lauf der letzten Jahre bei der Forschung gekommen?

Mutter als Lehrerin, Vater als Lehrer

Pratts Beobachtungen bei 24 Kindern von drei Jahren – zwölf Jungen und zwölf Mädchen – haben es ermöglicht, die Analyse der Interaktionsweisen zwischen Eltern und Kindern zu verfeinern.[26] Es ging darum, Kinder an Problemlösungsaufgaben heranzuführen, die denen, die wir oben erwähnten,

vergleichbar sind (Bauen mit Klötzen, Klassifizierung und Erinnerung von Geschichten). Doch das genaue Ziel bestand
darin, die Fähigkeit der Eltern zu bewerten, »die empfängliche Zone für die Anleitung« des Kindes auszuloten, und ihre
Fähigkeit, unter Berücksichtigung des Vorgehens der Kinder
mit Veränderungen umzugehen. Die beiden Arten der »Unterstützung« durch die Eltern wurden mit der spontanen Er-
folgsquote der Kinder in Zusammenhang gebracht. Im Übrigen wurden die Eltern noch einer weiteren Bewertung
unterzogen, bei der es darum ging, sie bestimmten Erzie-
hungsstilen zuzuordnen, die als autoritär im Gegensatz zu
nachgiebig definiert waren, permissiv im Gegensatz zu gemäß
den üblichen Kriterien auf Regelnd achtend und zur Eigenständigkeit anhaltend.

Zwei Resultate lohnt es sich hier wiederzugeben:
– Es hat sich herausgestellt, dass Eltern, die strukturieren, von
  allen Eltern am effektivsten sind: durch eine Kombination
  von Steuerung und Ermunterung zur Selbstständigkeit sind
  sie im Umgang mit ihren Kindern am besten geeignet, zumindest für die beiden erwähnten Arten der Hilfe.
– Es hat sich gezeigt, dass es keine wesentlichen Unterschiede
  zwischen den beiden Hilfsweisen der Eltern gibt: Väter
  und Mütter verhalten sich in ihrer Art, die Kinder zu unterstützen, beinahe identisch und sind gleichermaßen ef-
  fektiv in ihrer Fähigkeit, die kognitiven Kompetenzen der
  Vorschüler zu mobilisieren.

Eine fehlende Auswirkung der Variable »Geschlecht des Elternteils«, wie sie sich hier zeigte, wurde in zwei neueren Untersuchungen nicht bestätigt. Diese hatten die Bedeutung des
Geschlechtsfaktors nachgewiesen und den Weg für eine Fein-
analyse dieser Besonderheiten geebnet.[27]

Väter haben eine eigene Art,
einen Lernvorgang zu lenken

Labrell hat im Rahmen seiner These, die er 1992 und danach in verschiedenen Veröffentlichungen vertrat, deutlich gezeigt, dass man die Anleitung zum Lernen von Müttern und Vätern als unterschiedlich betrachten muss. Bei der Beobachtung von 31 Kindern zwischen 18 und 20 Monaten beim Lösen eines Problems (ein Puzzle legen), hat der Forscher eine Reihe von Ähnlichkeiten zwischen beiden Elternteilen ausgemacht, aber auch verschiedene Brüche.

Es wurde festgestellt, dass die Väter deutlich mehr nach einer Lösung verlangen; sie sind weniger als die Mütter bereit, eine schnell umsetzbare Hilfe zu leisten; sie weigern sich öfter als die Mütter, das Problem an der Stelle des Kindes zu lösen. Halten wir auch fest, dass die Kinder in Gegenwart des Vaters zu geschickteren Handlungen neigen als im Beisein der Mutter. Diese verschiedenen Feststellungen haben zu der Annahme der Existenz eines »stärkeren Anreizes zur Eigenständigkeit« vonseiten des Vaters geführt, was bedeutet, dass der Unterschied zwischen Vater und Mutter wesentlich mehr auf dem Gebiet der Interaktionsweisen in der Beziehung Betreuer-Schüler als auf dem des kognitiven Prozesses selbst gesehen wird.

Die Art der Aufgabe

Eine andere Untersuchung, die wir Conner verdanken, bringt uns bei der Entdeckung und dem Ausmaß der Besonderheiten elterlicher Unterstützung ein Stück voran und bestätigt zugleich die durch ältere Arbeiten gelegte theoretische Basis.[28] Er beobachtete 32 Kinder von 25–26 Monaten – 16

Jungen und 16 Mädchen –, die alle mit beiden Eltern gefilmt
wurden. Bei den Interaktionen waren klassische Problemlösungen zu bewältigen (einen Turm aus Bauklötzen errichten)
und Lesen eines Bilderbuchs.

Schwerpunkt der gezogenen Schlussfolgerungen war die
unterschiedliche Erziehungsstrategie der Eltern im Zusammenhang mit der Art der Aufgabe. Es hat sich gezeigt, dass
Väter und Mütter gleichermaßen in der Lage sind, bewusst
kontingente Antworten zu geben und die »empfängliche Zone« richtig zu treffen, wenn es um die Lösung eines Problems
ging. Bei der Lesebeschäftigung lassen sich feine Unterschiede
erkennen: Bei den Müttern ergreifen die Kinder mehr Initi-
ative; wobei die Mütter das Kind weniger oft als die Väter ab-
lenken und ihm weniger oft antworten; die Kinder verbringen außerhalb der eigentlichen Beschäftigung zudem mehr
Zeit mit ihrer Mutter als mit dem Vater. Die Väter halten sich
mehr an das Ziel des Lesens einer Geschichte und versuchen
häufiger, das Kind anzuhalten, sich auf die Aufgabe zu konzentrieren, während die Mütter für ein Gleichgewicht zwischen den Momenten sorgen, die dem mit der Lektüre verbundenen Lernen dienen sollen, und anderen, in denen das
Kind die Freiheit hat, zu erkunden und neue Verhaltensweisen zu erproben.

Diese Untersuchung an Kindern von zwei Jahren stellt
Pratts Lehre von der Gleichheit der unterstützenden Aktivitäten beider Eltern nicht infrage, sondern untermauert durch
Miteinbeziehung der Variable »Art der Aufgabe« Labrells
These über den jeweils spezifischen Beitrag: Väter engagieren
sich mehr als die Mütter, wenn es um die Realisierung einer
Aufgabe geht, umgekehrt zeigen sich diese weniger direktiv,
wenn sich die Unterstützung auf offenere und breiter ge-
streute Handlungen bezieht. Auch hier geht es weniger um

den kognitiven Funktionsmechanismus des Kindes als um
die Art der Interaktionen zwischen Eltern und Kind.

Der pädagogische Stil des Elternteils

Beim augenblicklichen Stand der Forschung erscheint es notwendig, die Variable »pädagogischer Stil« über die Wirkung
des Geschlechts des Elternteils hinaus zu prüfen. Bergonnier-
Dupuy hat mit derselben Methode wie Pratt und ebenfalls
mit dreijährigen Kindern – 17 Jungen und 16 Mädchen –
herausgefunden, dass die Unterschiede bei den Erziehungs-
strategien der Väter sich besonders in ihrer Art der Hilfestellung und im Verlauf der kognitiven Entwicklung der Kinder
zeigten.[29]

Die Väter, die man »Organisatoren« nennt, räumen der
Strukturierung der Umgebung und des Lebensrhythmus des
Kindes Vorrang ein, sie planen seine Aktivitäten, bemühen
sich, es zur Selbstständigkeit anzuhalten … Sie sind bessere
Lehrer als andere Väter, und ihre Kinder erweisen sich als ge-
schickter, wenn sie ein vorgegebenes Bild aus verschiedenen
Teilen in einem Raster zusammensetzen sollen.[30] Dieselbe
Schlussfolgerung gilt für Mütter; sodass man die bei der Interaktion festgestellten Unterschiede nicht allein dem Ge-
schlechtsunterschied zuordnen darf, ihn aber auch nicht ganz
außer Acht lassen sollte.

Was wir bereits hinsichtlich der Sprache festgestellt haben,
bestätigt sich auch in diesem Fall, dass die Mütter und Väter,
die untersucht worden sind, teilweise verschiedene Arten der
Unterstützung anbieten. Diese Besonderheit verdient eine tie-
fer gehende Untersuchung mit Methoden der Differenziellen
Psychologie. Was außer der Variable »Geschlecht des Elternteils« bestimmt die Verhaltensweisen, die bei Beobachtun-

gen von Betreuungsinteraktionen festgestellt wurden? Wahrscheinlich das Alter des Kindes[31] und sein Geschlecht[32]. Vielleicht auch die pädagogischen Fähigkeiten und Einstellungen
der Eltern: Strenge im Unterschied zu Flexibilität zum Beispiel. Gewiss auch die Art der jeweiligen Aktivität: besonders
freies Spiel im Unterschied zu Problemlösung. Die Rolle des
Vaters beim Erwerb und Gebrauch früher kognitiver Fähigkeiten ist in der Entwicklungspsychologie zu einem besonders spannenden Untersuchungsgegenstand geworden. Im
Bereich der wissenschaftlichen Psychologie hat man den Vater in der Rolle des Lehrers ans Licht geholt.

KAPITEL 5

DIE HERAUSBILDUNG DER EMOTIONEN
DER VATER ALS BEZUGSPERSON

I n diesem Abschnitt betreten wir Neuland. Warum? Weil sich auf dem Gebiet der Emotionen der Vorrang der Mutterrolle während der frühen Kindheit als einer der wichtigsten Teile des Credos von Ärzten und Psychologen erwiesen hat – ein Vorrang, der manchmal an Exklusivität grenzt.

Tatsächlich sehen noch heute manche Kinderärzte, Psychiater und Psychoanalytiker in Äußerungen väterlicher Zuneigung nichts anderes als eine schwache (manche sagen sogar erbärmliche) Replik mütterlichen Verhaltens oder sogar ein suspektes Benehmen, das eher den Weg für Störungen ebnet.

Der ungeliebte Vater?

Unter allen Theorien zur Erklärung der frühen emotionalen Entwicklung hob die Bindungstheorie die Wichtigkeit einer guten Beziehung zwischen Mutter und Kind am stärksten hervor. Dies ist berechtigt, da sich früher Liebesverlust mehr oder weniger dramatisch auswirkt ebenso wie »Trennungen«, wenn auch weniger stark.

Die ursprüngliche Bindung

In den ersten Schriften von Bowlby über die Mutter-Kind-Beziehung (1957–1958) ist von einer möglichen Rolle, die der Vater in diesem Rahmen spielt, nicht die Rede.[1] Das damalige Wissen und die damalige Praxis sind auf eine solche Eventualität kaum vorbereitet: Eltern, Ammen und Spezialisten für die frühe Kindheit einerseits, Forscher und Kliniker andererseits waren sich in der Auffassung einig, dass zu Beginn des Lebens der Beitrag der Mutter notwendig war und – ausreichte. Der biologisch orientierte Charakter der Bindungstheorie, die von den Arbeiten der Verhaltensforscher (Lorenz, Tinbergen oder Hinde) beeinflusst war, verstärkte die damals herrschende Tendenz, nach der die Mutter die einzige Quelle der Zuneigung ist.[2] Bowlby selbst verwendete den Begriff der »Monotropie« (Einförmigkeit), um die Fixierung des Neugeborenen auf die Mutter zu unterstreichen. Verhaltensweisen, die als Mittel verstanden wurden, das Baby der Quelle seiner Sicherheit näher zu bringen (Schreien, Weinen, Lächeln), wurden als an die Mutter gerichtet definiert oder als Versuche, Kontakt mit der Mutter aufzunehmen (Folgen mit den Augen und Bewegung des Körpers, Ausstrecken der Arme, um aufgenommen zu werden). Die Mutter, nichts als die Mutter oder »Alles über meine Mutter«, um den Titel des Films von Almodovar zu parodieren!

Eine Aufsehen erregende Neuerung

Der Paukenschlag erfolgte 1964, als Schaffer und Emerson im Zuge einer Fragebogenuntersuchung von 58 schottischen Müttern kleinen Kindern die Fähigkeit zuerkannten, mehrere Bindungen einzugehen.[3] Kriterium für das Eingehen einer

Bindung war, wenn das Kind bei der Trennung von einer Bezugsperson protestierte. Schaffer stellte fest, dass am Ende des ersten Lebensjahrs 29 Prozent der Kinder gleichzeitig mehrere Bindungen eingegangen waren (bei zehn Prozent der Kinder fünf oder mehr). Mit 18 Monaten waren 87 Prozent vielfache Bindungen eingegangen (30 Prozent gingen fünf oder mehr ein): Die Mutter ist die wichtigste Figur, die Väter stehen an zweiter Stelle, danach kommen entsprechend der Häufigkeit, in der das Kind sie erlebt, ein Großelternteil, ein anderes Familienmitglied oder ein Freund, ein Nachbar, ein größerer Bruder, eine ältere Schwester, ein anderes Kind. So ist der Vater zu einer möglichen Bezugsperson geworden.

Die vielen möglichen Personen

Was in Schaffers Artikel als Provokation hätte aufgefasst werden können, wurde zu einer durch Beobachtung untermauerten grundlegenden Erkenntnis, die Ainsworth 1967 nach einem Forschungsaufenthalt in Uganda aufschrieb.[4] Sie folgte zwar dem theoretischen Ansatz ihres Lehrers Bowlby, stellte aber auch fest, dass der Vater durchaus eine Bezugsperson für das Kind werden könne, jedoch meistens die Mutter die erste Stelle einnehme. Von den Kindern, die sie beobachtete, zogen 24 Babys ihre Mutter als »Sicherheitsbasis« vor, zwei neunmonatige Babys hatten eine Bindung zu beiden Eltern, wobei der Vater eine wichtigere Rolle spielte, ein Mädchen von einem Jahr hatte eine Bindung zu seinem Vater und seiner Halbschwester.

Diese empirische Entdeckung von Ainsworth war Ausgangspunkt dafür, von einer Hierarchie der Sozialisationsagenten auszugehen: Im Allgemeinen hat die Mutter den Vorrang, ist die »Haupt«-Figur, der Vater nimmt den Platz der zweitwichtigsten oder Hilfs-Figur ein. Diese Schlussfolgerung wurde später durch in Baltimore durchgeführte Untersuchungen bestätigt und 1969 in einem Forschungsbericht unter Zuhilfenahme eines Tests dargestellt, dem man den Namen »Strange Situation« gab. Der Test stellt ein Szenario dar, in dem im Rahmen von sieben Episoden, die drei Minuten andauern, Begegnungen und Trennungen zwischen Kind und Eltern aufeinander folgen, wobei bei einigen Sequenzen auch fremde Personen auftreten. Entscheidend dabei ist, dass man auf diese Weise die Reaktion auf eine dem Kind »fremde Situation« messen konnte.

Bei den Veröffentlichungen von Schaffer und Ainsworth wurde das Kriterium für das Bestehen einer Bindung nun aus genau diesem Test ermittelt: Wenn das Kind eine Bindung zu jemandem hat, wird es Zeichen von Enttäuschung äußern (Mund verziehen, Weinen, Hilfeschreie), wenn diese Person es verlässt oder wenn sie ihm fehlt, und Zeichen der Zufriedenheit (Lächeln, Näherkommen, Umarmen), wenn die oder der Betreffende wiederkommt und für es da ist.

Bowlby selbst näherte sich mit der Zeit immer mehr der Auffassung, dass es mehrere Bezugspersonen geben kann, wies aber darauf hin, dass er selbst eher von einer »Hierarchie« ausgehen würde als von einer »Multiplizität«.[5] Seine Unterscheidung zwischen Hauptfiguren (die Mutter oder der Mutterersatz) und Hilfsfiguren (besonders der Vater) macht deutlich, wie er die Dinge 1969 auffasste. So viel zur frühen Geschichte seiner Theorie. Es wird aber Zeit, die Frage zu stellen, wie sich die Ideen seither entwickelt haben.

Die Funktion, Sicherheit zu geben

Werfen wir zunächst einen Blick auf die Arbeiten, die auf die ursprüngliche Konzeption von Bowlby und seine mutterbezogene Sichtweise zurückgehen, bei der unter einer Bindung jene frühe Beziehung zur Mutter verstanden wird, die Garant für Sicherheit ist. Wenn der Vater oft genug mit dem Baby zusammen ist, kann er übrigens einen ähnlichen Beitrag leisten wie die Mutter: Trösten und Sicherheit geben.

Beweise für die Bindung zwischen dem Kind und seinem Vater

Die Forscher, die in den siebziger Jahren der Aufgabe nachgingen, den bekannten »Protest gegen Trennung« nach strengen Methoden der Beobachtung zu untersuchen, haben den durch Schaffer und Ainsworth erreichten Durchbruch nachvollzogen. Damals versuchten manche amerikanische Forscher festzustellen, wie kleine Kinder (mindestens neun bis zehn, höchstens 24 Monate alt) reagierten, wenn Mutter oder Vater oder eine fremde Person (ausschließlich weiblichen Geschlechts) sich näherte oder entfernte.

Das wichtigste Ergebnis ihrer verschiedenen Arbeiten lässt sich in einem Satz zusammenfassen: Während der Weggang der Fremden das Kind nicht im geringsten stört, folgt auf den von Mutter *und* Vater heftiger Protest. Dies wurde im Forschungslabor[6] an Babys zwischen einem Jahr und 18 Monaten beobachtet. Dasselbe Szenario wurde zu Hause wiederholt und man kam wenig später zu demselben Ergebnis.[7] In dieser Art Protokoll kann man keinen deutlichen Unterschied im Ausdruck von Missbehagen beim Weggehen beider Eltern feststellen[8], auch wenn das Verhalten, mit dem Kinder nach

Nähe suchten, eher im Zusammenhang mit der Mutter zum Ausdruck kam.[9]

In Notfällen zieht das Kind die Mutter als Sicherheitsbasis vor

Die Frage nach der Gleichwertigkeit der Sicherheit gebenden Fähigkeit der Mutter und des Vaters trat in den Jahren 1975–1980 in den Vordergrund: Man fragte nicht mehr, ob Väter die Rolle einer Bezugsperson ausfüllen können, sondern, ob sie als Bezugspersonen beim Trösten ebenso attraktiv und ebenso wirksam sind wie Mütter. Die Antwort erfolgte in zwei Schritten. Zuerst mit der strikten Anwendung der Ergebnisse des »Strange-Situation-Tests«[10]; später nach weniger strengen Methoden und mit einer Aufeinanderfolge mehrerer Episoden von Zusammenkommen und Trennung.[11]

Es gelang, die Gleichrangigkeit beider Eltern unter Bedingungen festzustellen, die denen, die das Kind jeden Tag erlebt, sehr ähnlich waren, die Studie betonte aber, dass in schwierigeren Situationen dann doch die »Überlegenheit« der Mutter zum Tragen kommt: Müdigkeit, Krankheit, Gegenwart eines wenig vertrauten oder unbekannten Menschen.

Wenig später bestätigt Lamb[12] eine Bevorzugung der Mutter, nachdem er bewiesen hatte, wie wenig sich der Faktor »Grad väterlicher Beteiligung« in der Hierarchie der affektiven Wahl des Kindes auswirkt: Schwedische Väter, die stark an der Versorgung der Kinder beteiligt sind (weil auch sie Erziehungsurlaub nehmen können), sind nicht attraktiver als ihre Frauen, die sich für eine Arbeit außerhalb des Hauses entschieden haben, auch nicht mehr als »traditionelle« Väter, die keinen Erziehungsurlaub nahmen.

Nach diese beiden Ergebnisreihen lässt sich sagen, dass es einen Primat der Mutter gibt. Seit Lambs Arbeiten ist diese »Überlegenheit« nicht infrage gestellt worden – meistens tröstet die Mutter ein Baby in der Not am besten. Neue amerikanische Forschungen allerdings legen den Gedanken nahe, dass genügend an der Erziehung beteiligte Väter wenigstens den Jungen eine bessere Rückversicherung geben, wenn in der »Strange Situation« ein unbekannter Erwachsener bei dem Baby eine leichte Verunsicherung auslöst.[13]

Muss man daraus den Schluss ziehen, dass Väter besser geeignet sind als Mütter, die Jungen zu stabilisieren, sie aufgeschlossener, unternehmender, aktiver werden zu lassen, wenn sie einer fremden Person begegnen? Und besitzen sie diese Überlegenheit nicht, wenn sie mit Mädchen desselben Alters zusammen sind? Bei der angeführten Beobachtung waren zehn Jungen von 19, von denen vorher feststand, dass sie von beiden Eltern gleichermaßen ein Gefühl der Sicherheit erhalten, zusammen mit dem Vater Fremden gegenüber geselliger als mit der Mutter, ein Ergebnis, das Forscher veranlasst hat, vom Vater als »Katalysator beim Eingehen von Risiken« zu sprechen. Diese erstaunliche Feststellung – die hier für Jungen von 18–21 Monaten gilt – muss noch durch andere Verfahren bestätigt werden, bevor man den Schluss ziehen kann, dass je nach Geschlecht des Kindes verschiedene Wirkungen auftreten.

Die Gründe für die Bindung

Ein anderes Rätsel, eine neue Gelegenheit, mehr zu erfahren: Sind Mutter und Vater aus der Perspektive eines Kindes Objekt einer qualitativ gleichen Bindung?

Um sich dazu äußern zu können, musste man beweisen,

dass es eine Vielzahl von Bindungsmustern gibt. Diese Erkenntnis ging aus Arbeiten von Ainsworth hervor, die 1978 veröffentlicht wurden, und erreichte ihren Höhepunkt mit der heute sehr bekannten Definition der drei wichtigsten Gruppen[14]: die »ausweichenden Verunsicherten« (Gruppe A: etwa 20 Prozent der Kinder der westlichen Bevölkerungen); die »Sicheren« (Gruppe B: etwa 66 Prozent) und die »ambivalent Verunsicherten« (Gruppe C: etwa 14 Prozent).

Jeder dieser drei Typen zeigt sich in verschiedenen Reaktionen gegenüber Eltern bei Trennungen und Wiedersehen. Ihre genaue Beschreibung ist an dieser Stelle nicht unbedingt notwendig. Es genügt, darauf hinzuweisen, dass die ersten durch die Trennung von den Eltern nicht beeinträchtigt scheinen und versuchen, ihnen beim Wiedersehen auszuweichen; die Kinder der zweiten Gruppe reagieren negativ, wenn der Elternteil sie verlässt, und positiv, wenn er wiederkommt; die Kinder der dritten Gruppe sind durch die Trennung verstört, beim Wiedersehen wünschen sie, sich dem Elternteil zu nähern, zugleich aber sind sie zornig, und ihr Gesicht zeigt sich vorwurfsvoll. Wichtig für uns ist die Gleichheit oder Ungleichheit der Verhaltensweisen ein und desselben Kindes, je nachdem, ob es mit der Mutter oder dem Vater zusammen ist.

Eine besondere Geschichte mit jedem Elternteil

1981 untersuchten zwei Forscher, Main[15] und Grossman[16], die zeitliche Dauer eines Beziehungstypus (sicher oder verunsichert) eines Kindes zu einem Elternteil (Mutter oder Vater) und zugleich, wie sich der Beziehungstyp veränderte, je nachdem, mit welchem Elternteil (Mutter oder Vater) es konfrontiert wurde.

In dem amerikanischen Versuch von Main wurden 61 Kinder in der »Strange Situation« beobachtet: Mit einem Jahr wurden 46 von ihnen mit der Mutter gefilmt, 15 mit dem Vater; mit 18 Monaten war es umgekehrt. Die Unabhängigkeit der Qualität der Bindungen zu jedem der beiden Eltern zeigte sich vor allem daran, dass neun von 61 Kindern ihrer Mutter auswichen und sich mit ihrem Vater in Sicherheit wähnten, während sich elf Kinder mit der Mutter in Sicherheit fühlten und auf den Vater ausweichend reagierten (bei 20 Kindern also ist das Verhalten nicht gleich).

In einem deutschen Versuch wurden 49 Kinder von zwölf Monaten mit ihrer Mutter und 46 von 18 Monaten mit ihrem Vater gefilmt. Wenn man sich auf die Klassifizierung in drei Typen bezieht, kommt man ebenfalls zu der Feststellung, dass es in 22 Fällen keine Ähnlichkeit in der Beziehung zur Mutter und zum Vater gibt.

Der Vorrang des kindlichen Temperaments

Diese beiden Studien orientierten sich an einer konstruktivistischen Auffassung von der Beziehung: Die Art einer Bindung an einen Elternteil (Mutter oder Vater) erklärt sich nicht durch irgendeine dem Kind angeborene Eigenschaft, eine Art temperamentsbedingte Invariable (sein Verhaltens-»Stil«, seine übliche Art zu reagieren), sondern eher durch die Art der besonderen Beziehung, die sich mit jedem Elternteil entwickeln konnte, kurz gesagt, durch die Geschichte der Interaktion, die im Lauf des Lebens aufgebaut worden ist.

Entsprechend den Ideen von Ainsworth und einiger anderer[17] wurde dieser These von Forschern widersprochen, die eher einen stärkeren Einfluss des Temperaments des Kindes annahmen.

Wir denken dabei besonders an Belsky, der es für möglich
hält, dank der »Strange Situation« eine temperamentsbedingte und eine beziehungsbestimmte Komponente zu unterscheiden[18]: Die erste drückt sich in der Art der emotionalen
Reaktion aus (von der Hemmung zur Irritation) und soll bei
beiden Eltern die gleiche sein; die zweite zeigt sich in der Art
der Bindung (Sicherheit oder Verunsicherung) und soll vom
affektiven Bezug des Kindes zu jedem seiner Eltern bestimmt
sein.

Erwähnt seien vor allem die Arbeiten von Fox, der in einer
Metaanalyse von elf Studien zwischen 1978 und 1990 eine
starke Übereinstimmung von Beziehungsarten zwischen einem Kind und jedem seiner Eltern feststellte.[19] Wenn man
die Effekte von elf erhobenen Beziehungsmustern summiert,
so zeigt sich, dass die Regel der Übereinstimmung (für die
Typen A, B und C) in 393 von 627 Fällen gilt, und die Nicht-
übereinstimmung in 279 Fällen. Dies genügte Fox, um die
These von einer »Konstitution« zu verteidigen, die auf der
entscheidenden Rolle des Temperaments des Kindes beruht
im Gegensatz zu der konstruktivistischen These, die vom
Vorrang der sich zwischen dem Erwachsenen und dem Kind
entwickelnden Beziehung ausgeht.

Das unmögliche Dilemma

Seit Erscheinen von Fox' Artikel haben noch andere Forschungen Wasser auf die Mühlen der beiden Denkschulen geleitet. Was kann man vorübergehend daraus schließen? Nach
Aussagen der anerkanntesten Forscher auf diesem Gebiet[20]
bleibt die Debatte offen und lebendig: Man begreift dies
schnell, wenn man bedenkt, was auf dem Spiel steht, wenn
eine Auflösung versucht wird, denn schließlich geht es um

die andauernde Debatte um den Einfluss von Anlage und Umwelt.

Mit einiger Zurückhaltung und Vorsicht sollte man sich wohl der Vorstellung anschließen, die die Mutter-Kind-Beziehung insgesamt betrifft und davon ausgeht, dass es eine »Transaktionsspirale« zwischen dem Temperament des Neugeborenen, der Empfindsamkeit für seinen Vater (und dessen Interaktionen mit dem Kind) und die Qualität der Bindung gibt.[21] Und diesbezüglich lässt sich feststellen, dass der Prozess, der für die Mutter gilt, auch für den Vater seine Gültigkeit hat.

Die Beschaffenheit der Beziehung

Zum Stellenwert des Vaters in der orthodoxen Bindungstheorie (nämlich in der Sichtweise von Bowlby, Ainsworth, Main, Bretherton) dürfte die zukünftige Forschung Neues beitragen, indem sie auf drei Theoreme antwortet, die mit der genannten Frage zu tun haben:

Was lässt sich bei Kindern beiderlei Geschlechts über die Bindung zum Vater (im Gegensatz zur Mutter) vorhersagen? Wie steht es um die Stabilität (die zeitliche Dauer) der Bindung an den Vater (im Unterschied zur Mutter) bei Kindern beiderlei Geschlechts? Inwieweit trägt der Vater (im Gegensatz zur Mutter) zur Entwicklung der Vorstellung von Bindung beim Kind bei?

Die Vorhersagekraft des Bindungsverhaltens

Seit Beginn der neunziger Jahre räumt man ein, dass eine feste Bindung an die Mutter das Kind besser für die Anpassung in Schule und Gesellschaft vorbereitet als die zum Vater.

Diese Schlussfolgerung zog man aus einer Untersuchung, die das Merkmal »sichere oder verunsicherte« Beziehung in Verbindung zu jedem Elternteil untersuchte (mit einem Jahr für den einen, mit 18 Monaten für den zweiten). Ähnlich ließen sich mit diesem Kriterium die Fähigkeit des Kindes zu spielen vorhersagen, mit Konflikten umzugehen und sie durch Versöhnung zu lösen, und schließlich Verhaltensschwierigkeiten, die im Alter von fünf Jahren bewertet wurden.[22]

Kinder von sicheren Müttern (im Unterschied zu verunsicherten) haben die beste soziale Kompetenz: Dieser Zusammenhang ist in so gut wie allen erforschten Dimensionen signifikant. Hingegen sind Unterschiede so gut wie nie signifikant, wenn man die Ergebnisse der Kinder von zwei Arten von Vätern (sichere Väter im Unterschied zu verunsicherten) einander gegenüberstellt. Es muss jedoch gesagt werden, dass die allergrößte Kompetenz bei jenen Kindern vorliegt, die eine sichere Bindung an beide Eltern haben (und nicht nur an die Mutter).

Stabilität des Bindungstypus

Zur Frage der Vorhersage, also nach der Stabilität der Verhaltensweisen, erscheinen neuere Ergebnisse widersprüchlich. Die einen besagen, man könne durchaus voraussehen, welche Beziehung ein Kind mit einem Jahr zu seinem Vater haben wird, wenn man es vom 4. Lebensmonat an in seinem Bindungsverhalten beobachtet[23]; es sei unmöglich, dies so früh festzustellen, meinen die anderen, weil von einer Stabilität der Beziehungsform des Kindes an den Vater kaum, beziehungsweise gar nicht die Rede sein könne.[24] Bevor man zwischen diesen beiden Voraussetzungen wählt, müssen wir erst die Erkundung des Terrains vorbereiten.

Die Übertragung »interner Modelle« von Bindungen

Über die Rolle des Vaters bei der Entwicklung von Bindungs-vorstellungen beim Kind weiß die Forschung noch nicht viel. Diese Frage spielt auf den Begriff eines »intern operierenden Modells« an, das bereits bei Bowlby dargelegt wurde: Es ging dabei darum festzustellen, dass nach Ende des ersten Lebens-jahrs die initialen Beziehungsarten verinnerlicht seien und sich in Form von Bildern bewahrten (Bild von sich selbst und Bild von der Bezugsperson); man postulierte ebenfalls, dass diese Vorstellungen die ganze Kindheit und Jugend aktiv und funktionsfähig blieben, zudem im Erwachsenenalter und wenn die Frau selbst Mutter wird.

Vor diesem theoretischen Hintergrund wurde ein For-schungsinstrument von Bindungen bei Erwachsenen entwi-ckelt – ein Gespräch, das sich auf die vergangenen und gegen-wärtigen Beziehungen zu den Eltern bezieht (das »Adult Attachment Interview« von Main). Ein anderes Instrument, dieses Mal, um das Bindungsverhalten von drei- bis vierjähri-gen Kindern zu ermitteln, bestand aus Geschichten, die er-gänzt werden müssen (»Story Completion Task« von Brether-ton). Wenn man die Ergebnisse bei den Eltern mit denen der Kinder in Zusammenhang bringt, kann man den Grad des Zusammenhangs zwischen den jeweiligen Bindungsvorstel-lungen feststellen und zu ermitteln versuchen, ob es eine Wei-tergabe innerer Bindungsmodelle »zwischen den Generatio-nen« (von den Eltern zum Kind) gibt. Die Berichte der Forscher, die sich damit beschäftigt haben[25], deuten auf einen unterschiedlichen Beitrag beider Elternteile hin.

Es gibt einen positiven Zusammenhang zwischen den Vor-stellungen der Mutter und denen des Kindes: Einer sicheren Mutter (kohärentes Reden im »Adult Attachment Interview«)

entspricht ein sich sicher fühlendes Kind (ein inhaltsreiches und kohärentes Erzählen bei der »Story Completion Task«); einer verunsicherten Mutter entspricht ein verunsichertes Kind. Die Mutter »beeinflusst im Sinn ihres internen Modells auf dem Weg von Interaktionen, die sie mit ihrem Kind hat, die Sicherheit desselben«.[26]

Der Vater hingegen gibt sein eigenes »internes Modell« nicht weiter (die Korrelation ist negativ), sondern eher »idealisierte semantische Repräsentationen, die dem entsprechen, was sozial wünschenswert ist«, und zwar mittels der Sprache.

Die Vorstellungen von Bindung beim Kind sollen also hauptsächlich durch die mit der Mutter erlebten Interaktionen und das Reden des Vaters entstanden sein. Die Autoren sind jedoch vorsichtig, denn sie gehen davon aus, dass trotz ihrer Ergebnisse noch viele Fragen unbeantwortet bleiben.

Das Recht, anders zu sein

Ohne die wichtigen Beiträge der Theorie von Bowlby infrage stellen zu wollen, scheint es wünschenswert, sich der Rolle des Vaters anders zu nähern, als es geschieht, wenn man den männlichen Elternteil lediglich als zweitrangige Schutzfigur darstellt. Schließlich bewertete man seinen potenziellen Einfluss in einer experimentellen Situation, die von Beginn an so konstruiert war, dass man die Sicherheit gebende Kraft der »wichtigsten Bezugsperson«, der Mutter, beweisen wollte. Diese ursprüngliche Logik hat nicht nur Ainsworth, die Erfinderin des »Strange Situation-Tests«, inspiriert, sondern auch in jüngerer Zeit diejenigen, die Messinstrumente für die »Bindungrepräsentanzen« entwickelt haben wie Main und Bretherton. Alle diese Instrumente gehen davon aus, dass vonseiten des Kindes das Bedürfnis nach einem Vater ebenso beschaffen ist wie das nach einer Mutter; dass die Beiträge der Eltern also von gleicher Art sind.

Aus diesem Blickwinkel bleiben dann aber nur die Fragen offen, die auch wir bereits gestellt haben. Kann der Vater dem Bedürfnis nach Bindung bei seinem Kind entsprechen? Wenn ja, in welchem Maß – ebenso wirksam wie die Mutter oder nicht? Und nach welchen Modalitäten – nach dem gleichen Muster, nach dem die Mutter-Kind-Beziehung verläuft, oder nach einem anderen? Ist die Bindung zum Vater ebenso stabil und kann man an ihr ebenso gut ablesen, ob die soziale Anpassung des Kindes zufrieden stellend ist, wie an der, die das Kind mit der Mutter verbindet?

Wenn man über diese Logik, die auf dem Primat der Mutter gründet, hinaus bereit ist, sich auf eine modernere Logik einzulassen und folglich von einer Sichtweise ausgeht, die die Bedürfnisse des Kindes und auch den Beitrag der Eltern differenziert sieht, dann hat man, wie es scheint, die Möglichkeit, einige Basisannahmen der Bindungstheorie zu aktualisieren und kann auch die Dynamik der Familienbeziehungen besser verstehen: durch Objektivieren dessen, was das kleine Kind in seiner täglichen Beziehung und auch in »klassischen Situationen« seiner Mutter und seinem Vater gegenüber zeigt und von sich gibt.

Diese begriffliche und methodische Öffnung haben wir in zwei Schritten vorgenommen. Zuerst mit der Analyse eines bestimmten Interaktionstyps, denen von Eltern und Baby im Schwimmbad unter Anwendung des Paradigmas Mutter/Vater und dann mit der Beschreibung des schützenden bzw. anregenden Verhaltens der Eltern. Danach, als beide Eltern beobachtet wurden, einmal in einer »Strange Situation«, dann in einer Spielsituation.

Trost durch die Mutter, Anregungen durch den Vater

Nach der Inventarisierung, Kategorisierung und Aufschlüsse-
lung des didaktischen Verhaltens der Eltern von schwimmenden Babys[27] haben wir die Verhaltensweisen im Wasser stu-
diert und dabei nacheinander die Mutter und den Vater eines
jeden Kindes beobachtet und die Eltern gebeten, sich gegenüber ihren Kindern zu verhalten, wie sie es normalerweise
tun.

Das Protokoll erinnerte teilweise an die »Strange Situation« in dem Maß, in dem er die beiden Hauptfiguren ver-
pflichtet, sich den Zwängen des Wassers anzupassen, das ja
eine grundlegend ambivalente Umgebung darstellt (Wasser
streichelt, Wasser bringt in Not – Lebenswasser, Wasser des
Todes). Es handelt sich, anders gesagt, um eine »gefahrvolle
Umgebung«[28], auch insofern als festgestellt werden konnte,
dass das Kind zwischen der Suche nach Schutz und dem
Wunsch nach Erkundungen schwankt. Dennoch war es teilweise anders, da die Eltern nicht Anweisung hatten, ruhig zu
bleiben (eine Zeitschrift zu lesen und keinen Kontakt aufzunehmen), sondern so spontan wie möglich mit ihrem Kind
zu spielen, und weil sie nach Belieben Initiativen zum Schutz
und zur Anregung ergreifen konnten (das Kind ermuntern,
sich dem neuartigen Milieu zu öffnen, sich in Grundformen
der Bewegung zu üben, Mut zu zeigen).

Wir haben zur geschlechtlichen Sozialisation bereits gesagt,
dass beide Eltern hinsichtlich ihrer Art einzugreifen vergleichbar waren (bei unserer Untersuchung wurde der Vergleich auf quantitative Kriterien reduziert) und dass innerhalb dieser Gruppe von Eltern die Kontraste, wenn es sie gab,
mit der Zeit geringer wurden und eine relative Angleichung
geschah.

Wichtig ist hierbei zu betonen, dass jeder der beiden Eltern wie bei den üblichen Spielen im Freien in seiner doppelten Funktion als sicherer Hafen und Quelle der Anregung zu erkennen war. Die Mutter trat nicht nur als Beschützerin in Erscheinung, sie gab dem Kind auch Anregungen; der Vater war nicht nur als Initiator aktiv (besonders in Richtung sozialer Öffnung), er beschützte das Kind auch.

Die zweite wichtige Lehre aus dieser Untersuchung bezieht sich auf den wahrscheinlichen Unterschied zwischen der Empfänglichkeit des Kindes für die Anregungen der Eltern. Bei den elf einjährigen Babys haben wir festgestellt, dass das Kind fast ebenso viel Erkundungen unternimmt, wie es von den Eltern Schutz erhält (der Beziehungskoeffizient liegt bei 0,75 bei den beiden Bezugnahmen). Wir haben auch festgestellt, dass die Verbindung zwischen der Quote der Erkundungen der Kinder und der Anregung durch die Väter enger ist als zwischen denselben Quoten bei Kindern und Müttern (r=0,75 im ersten Fall und 0,66 im zweiten). Alles sieht danach aus, als ob die anregende Wirkung der Väter derjenigen der Mütter überlegen ist, anders gesagt, als sei das Kind im Bereich der Anregung aufgeschlossener gegenüber dem Vater als der Mutter.

Zwei deutsche Forscher[29] sind noch einen Schritt weiter gegangen. Mütter und Väter wurden aufgefordert, sich filmen zu lassen, einmal in der »Strange Situation« und einmal in einer Spielsituation. Diese Art, das Verhalten der Eltern zu beobachten, hatte zum Ziel, neues Licht auf die Fragestellung nach den elterlichen Besonderheiten zu werfen, ohne dabei die wichtigen Aspekte der von Bowlby entwickelten und von Ainsworth, Main und Bretherton fortgeführten Theorie aufzugeben.

Und genau dies gelang. Man entdeckte eine Art Homologie

zwischen dem Gespür der Mütter für die Not des Kindes in der »Strange Situation« und der einfühlsamen Anregung der Väter, die mit ihren zweijährigen Kindern spielen sollten.[30] Dieses Merkmal gibt einen Hinweis auf weitere Ergebnisse und stand nach Aussagen der Autoren in positiver Korrelation zu anderen Langzeitbewertungen, die danach an Vätern und Kindern vorgenommen wurden. Einerseits ergab sich ein Zusammenhang zum bereits im Zusammenhang mit Wygotski erwähnten Merkmal von »angemessener Herausforderung«, gemessen am Spielverhalten der Väter, wenn das Kind sechs Jahre alt war (r=0,75). Und andererseits ergab sich ein Zusammenhang zu der Sicherheit des Kindes und seiner Fähigkeit, mit negativen Emotionen umzugehen, Indizien, die mit sechs Jahren, zehn Jahren und 16 Jahren gemessen wurden. Diese positiven Korrelationen fanden sich nicht, wenn man eine Beziehung zu den in der »Strange Situation« vom Kind und vom Vater erhaltenen Ergebnissen herstellte (im Gegensatz zu dem, was man über die Mutter herausfand).

Selbst wenn unsere Ergebnisse mit den Eltern der schwimmenden Babys weniger eindeutig sind, so scheint es doch, dass »die Eltern sich auf verschiedene Bereiche des Kontinuums Bindung-Erkundung festlegen«.[31] Man kann auf Untersuchungsberichte zurückgreifen, die besondere Eigenschaften eines jeden Elternteils belegen können. Während die »Strange Situation« dazu dient, die Qualität der Mutter-Kind-Beziehung zu bewerten, ist die Spielsituation am besten geeignet, die Qualität der Vater-Kind-Beziehung zu ermitteln. Anders gesagt, ist es möglich, an der Bindungstheorie festzuhalten, sich dabei aber stärker auf die Vorstellung eines verhaltensmäßigen Gleichgewichts des Kindes zu stützen und dabei den Gedanken an eine Differenzierung zwischen »bestärkender Mutter« und »anregendem Vater« aufrechtzuerhalten.

Die Zukunft der Vater-Kind-Beziehungen

Mit den vielfältigen Arbeiten über das Thema der Bindung ist das Register der Gefühlsentwicklung bei weitem nicht erschöpft.

Immerhin, Forscher wie Emde, Stern und ihre Schüler, die sich für Emotionen interessieren, bewegten sich fast alle im Rahmen der Mutter-Kind-Beziehung.[32] Man könnte dasselbe von denen sagen, die das Temperament erforschen: Wir haben gesehen, dass der »Verhaltensstil« des Kindes manchmal mit der Sensibilität und Beziehungsfähigkeit der Mutter in Zusammenhang gebracht wird, nie mit der des Vaters. Und die, die auf die glückliche Idee gekommen sind, den emotionalen Austausch des Babys zu betrachten, indem sie die Situation Mutter-Kind und Vater-Kind vergleichen, stehen heute noch am Anfang ihrer Untersuchungen: Im Augenblick erforschen sie dyadische Interaktionen im Lauf des ersten Jahres und besonders die Art der Eltern, den Gesichtsausdruck ihres Kindes zu steuern.[33] Ihre Vorgehensweise erscheint viel versprechend.

Das Gebiet der affektiven Beziehung zwischen Vater und Kind bleibt teilweise unerforscht, und die Wissenschaftler haben bei der Beschreibung und Erklärung der Modalitäten dieser Bindung noch einige Arbeit zu leisten. Deshalb muss man aber trotzdem nicht immer zu den Vätern sagen: »Vorsicht, Vorsicht!«, und im weiteren den Teufel der sexuellen Abweichungen und Perversionen an die Wand malen. Schon 1985 warnte Françoise Dolto vor dem Risiko einer »homosexuellen Erotisierung des Kindes«[34], und jüngst haben dies manche wieder aufgenommen und sich gegen »Väter, die ihrem Kind körperlich zu nahe kommen«[35] gewendet. Als würde Zärtlichkeit gegenüber ihrem Baby die Väter zu Pädophilen machen! Es gibt Väter, die ihre Kinder missbrauchen, wovor man Kinder selbstredend schützen muss. Aber hüten wir uns davor, Dinge, die nichts miteinander zu tun haben, in einen Topf zu werfen, und vor allzu schnellen kausalen Zuweisungen.

Kapitel 6

Niemals zwei ohne drei
Die ersten Interaktionen

Die Rolle des Vaters beschränkt sich nicht auf die Stadien der frühen und mittleren Kindheit, mit denen wir uns in den vorherigen Kapiteln beschäftigt haben. Der Vater kann und muss auch in den Wochen und Monaten nach der Geburt präsent sein. Bei vielen Vätern können sich Vatergefühl und eine echte Beteiligung an der Versorgung des Kindes besser entwickeln, wenn das Kind sichtbar »auf die Welt gekommen« ist, selbst wenn es noch im Stadium des *infans* ist (dessen, der noch nicht spricht).

Bei zahlreichen Untersuchungen, von denen ich an anderer Stelle berichtet habe, konnte eine zunehmende Beteiligung der Väter an der Versorgung der Kleinkinder festgestellt werden, dazu gehören Spiele und verschiedene andere Betätigungsfelder in der frühen Erziehung. Doch ist diese Beteiligung, wie man weiß, immer noch begrenzt, von den Ausnahmen abgesehen, in denen der Vater Erziehungsurlaub genommen und das Kind aufgezogen hat. In der ersten Zeit nimmt die Mutter als *primary caregiver* nach wie vor den ersten Rang ein.

Dennoch gab es in den letzten 20 Jahren immer mehr Väter, zumindest in der Mittelschicht, die ihrem kleinen Kind Aufmerksamkeit gewidmet und der ersten psychomotorischen Entwicklung ihres Kindes einen Teil ihrer Freizeit zur Verfügung gestellt haben (ein Phänomen, das in den USA *increased involvement* genannt wird). Parallel dazu haben sich Wissenschaftler immer mehr für die Art der frühen Interaktionen von Vater und Kind und auch für die frühen Aufgaben des Vaters interessiert.[1]

Eine frühe Bindung

Zu Beginn des Lebens ist das Kind nicht nur empfindlich für die Gegenwart und den Einfluss seines Vaters, sondern auch in der Lage, seinerseits die ersten Interaktionen, also die nonverbalen Beziehungen, zu beeinflussen.

Das zuerst Erlebte

Kinderärzte und Entwicklungspsychologen stimmen darin überein, dass von Beginn des Lebens an beide Eltern zwei ganz unterschiedliche Beiträge für das Kind leisten (was nicht bedeutet, dass die Effekte gleich stark sind). In den ersten Lebenstagen wird das Kind, das beide Eltern zur Verfügung hat, von zwei affektiven »Hüllen« umgeben, und von zwei Stimulationsmustern, die sich für es wohl noch nicht unterscheiden.[2] Die Auswirkung dieses Zustands auf die unmittelbare Entwicklung des Kindes ist wahrscheinlich kaum spürbar.[3] Unleugbar scheint hingegen, dass die stimmlichen, taktilen und durch Bewegungen ausgelösten Botschaften, die an das Kind von Mutter und Vater gerichtet werden, bereits eine jeweils andere psychosensorische Qualität haben: eine feminine und eine maskuline.

Dies lässt sich dann in den ersten Monaten immer besser

verfolgen. In den ersten Wochen und Monaten muss sich das Kind mit geschlechtsspezifischen »Vorformen« vertraut machen[4], die aus geschlechtsspezifischen Prägungen auf morphologischem und physiologischem Gebiet bestehen (traditionell als sekundär klassifiziert). Heute kann man annehmen, dass der Prozess der psychischen Entwicklung des Geschlechts seinen Ursprung in diesen archaischen Empfindungen hat, in denen sich Rudimente von Emotionen und sicherlich auch von Repräsentation mischen. In diesem ursprünglichen Erleben findet das Kind nach und nach die Möglichkeit, zwei verschiedene Modelle zu unterscheiden: die Beziehung zu dem ersten Anderen, dem Anderen weiblichen Geschlechts (der Mutter), und zum Anderen des anderen Geschlechts (dem Vater).

Im Lauf der ersten Monate

Nach und nach lässt sich während der ersten sechs Monate eindeutig erkennen, dass das Kind seinen Vater von der Mutter zu unterscheiden und mit jedem seiner Eltern auf verschiedene Art zu kommunizieren vermag.

Visuelle Mütter, taktile Väter

Während der gesamten ersten Monate wird das Baby mit zwei nonverbalen Kommunikationsweisen konfrontiert, die teilweise verschieden sind. Seit den frühen Arbeiten von Yogman[5] über das bei Babys zwischen zwei Wochen und sechs Monaten beobachtete Sozialspiel weiß man, dass Mütter und Väter die nonverbalen Kommunikationskanäle nicht auf die gleiche Weise nutzen: Erstere bevorzugen eine visuelle Stimulation (die regulierend wirkt), Letztere die taktile und kinästhetische Stimulation (die anregend ist). Außerdem hat die Untersuchung der Kommunikationsweisen zwischen Babys von drei und fünf Monaten und jedem ihrer Eltern (sie wurden beim freien Spiel gefilmt) dazu geführt, den Akzent auf die Gegensätzlichkeit der Rhythmen der motorischen Stimulation zu legen[6]: Für Väter sind Spiele typisch, bei denen in bestimmtem Rhythmus Anregungen gegeben werden, die häufiger und kürzer sind als die, die sich bei Müttern finden.

Eine Frage des Rhythmus

Vom Alter von zwei Monaten an beginnt das Kind anders zu reagieren, je nachdem, welchen von beiden Eltern es vor sich hat. 1991 erinnerte Brazelton daran, dass die typische Antwort des Kindes, das seinen Vater wieder erkennt (durch Stimme und Gesicht) darin besteht, dass es »die Schultern hebt wie jemand, der einen Sprung machen will«[7]. Allgemeiner beschrieb er die Interaktionen der Babys mit ihren Vätern (im Unterschied zur Mutter) als »ein rhythmisches Geschehen mit den größten Höhepunkten und den längsten Phasen«[8].

Das Kind nimmt die verschiedenen Reize wahr, es integriert sie und passt sich ihnen aktiv an, besonders bei Spielen. So erklärt sich die Neigung der Forscher, zwei Arten affektiv-körperlicher Beziehung zu unterscheiden. 1990 stellte Herzog die homöostatische Harmonie, die die Mutter garantiert, der Harmonie des Abbrechens, die der Vater einführt, gegenüber.[9] 1995 habe ich eine ähnliche Idee geäußert, indem ich den tonisch-emotionalen Dialog von Mutter und Kind dem phasisch-motorischen Dialog zwischen Vater und Kind gegenüberstellte.[10]

Gewiss, man sollte die Gegenüberstellung von geschlechtstypischen Verhaltensweisen nicht so weit treiben, dass sie nicht mehr miteinander zu vereinbaren sind. Im Jahr 2000 sind die Vorschriften, Verinnerlichungen und Anwendungen der berühmten »Geschlechterrollen« weniger akzentuiert als noch vor zwanzig oder zehn Jahren. Die beobachteten Ähnlichkeiten sind wahrscheinlich häufiger und weitreichender. Immerhin, der Unterschied zwischen den Geschlechtern kann nicht ganz beiseite gelassen werden: Wenn man die ungefähren Tendenzen auf der Subjektebene verfolgt, was nicht für jedes Individuum dasselbe bedeuten muss, stellt man fest, dass Mütter sich als flexibler, beschützender, sanfter, auch vorhersehbarer und die Väter als körperlicher, grober, störender, idiosynkratischer erweisen.

Der Klang des Diskurses

In der Phase der Ontogenese muss sich das Baby mit zwei Sprachschemata vertraut machen: Jenseits großer Ähnlichkeiten in der Art und Weise zu sprechen, haben verschiedene Autoren sehr frühe Unterschiede beim Anteil der Wiederholungen entdeckt. Sie filmten Zweiergruppen (Dyaden), die ohne irgendwelche Gegenstände zusammengebracht wurden und stellten fest, dass die Väter ihre Äußerungen weniger oft wiederholten als die Mütter, und dies von zweieinhalb Monaten an.[11]

Leider hat man die Neugier nicht so weit getrieben, die Reaktionen der Kinder zu beobachten, aber man kann vermuten, dass diese bereits in der Lage sind, zwar nicht die Worte, aber den Klang der Sprache eines jeden Elternteils zu unterscheiden.

Wenn das Duo zum Trio wird

Ein weiterer Schritt wurde getan, als die Forscher die Studien über frühkindliche Beziehungen zur Mutter und zum Vater auf die Dreierbeziehung Vater-Mutter-Kind (Triade) ausweiteten und aus der Struktur von zwei Elementen eine aus drei Elementen wurde. Dies gilt vor allem für das von Fivaz und Corboz geleitete Schweizer Forschungsteam, das sich seit 1989 Verdienste erworben hat, indem es diese Art von Dreieraustausch nachwies, beschrieb und auf einen Begriff brachte.

Das Spiel zu dritt

Die Ausgangsidee war, dass das Funktionieren der Triade nicht auf die Addition der Interaktionen in der Zweierstruktur oder des individuellen Verhaltens reduziert werden kann.[12] Um diese Hypothese zu präzisieren, haben die Autoren der Studie eine Spielsituation zu dritt entwickelt, bei der die verschiedenen Partner ganz bestimmte Rollen einnehmen:

– in einer ersten Phase soll ein Elternteil mit dem Baby tun, »was er immer mit ihm tut«, und der andere soll während dieser Zeit »einfach nur anwesend« sein;

– in der zweiten Phase werden Vater und Mutter gebeten, die Rollen der ersten Episode zu vertauschen;

– in der dritten Phase erhalten die Eltern die Anweisung, jetzt »alle drei zusammen zu spielen«.

Spielen bedeutet hier, spielerisch positive Gefühle zu teilen. Durch das Arrangement kann das Baby (es sitzt in einem Liegesitz) beide Eltern sehen, und die Eltern (die auf Stühlen sitzen) können, ohne den Platz zu wechseln, vom einfachen Zuschauer zum aktiven Kommunikator werden. Die Verhaltensweisen werden mit zwei einander gegenüber angebrachten Kameras festgehalten, von denen eine auf das Baby, die andere auf die Eltern gerichtet ist; durch zwei Aufzeichnungsgeräte und zwei Bildschirme erhält man getrennte, aber durch einen gemeinsamen Timer synchronisierte Bilder.

Mehrere Jahre lang wurden die Sequenzen auf drei beschränkt: heute hat man eine vierte Episode hinzugefügt, in der das Kind seine Eltern beobachtet. Der letzte Forschungsbericht mit vier Phasen ist Grundlage für die aktuelle Verwendung theoretischer Begriffe wie: »Bündnis«, »Funktionen« und »Kommunikationsniveau«.[13] Was ist darunter zu verstehen?

Der Begriff Bündnis bezieht sich auf die Koordination des Trios: Je nachdem, ob es mehr oder weniger gelungen ist, ob das Ziel des Spiels mehr oder weniger erreicht wurde, wird das Bündnis als kooperativ (bestes Funktionieren), gemäßigt, kollusiv oder zerfahren (am schlechtesten funktionierend) bezeichnet.

Die Art des Bündnisses wird durch die Art und Weise, in der die vier »Funktionen« erfüllt sind, festgelegt: Auf dem niedrigsten Grad entspricht die Funktion der Teilnahme (sind alle Partner in das Spiel einbezogen?); es folgt die Funktion der Organisation (spielt jeder seine Rolle?); danach die der Aufmerksamkeit (folgen alle dem Spiel? Gibt es ein gemeinsames Interessenzentrum?); schließlich auf der obersten Stufe des Bündnisses die Funktion des gefühlsmäßigen Kontakts (stehen die Partner in Beziehung zueinander, gibt es einen emotionalen Austausch?).

Es gibt also eine Überschneidung von Beziehungstypen, und jedes der untersuchten Trios ist durch einen bestimmten Bündnistyp gekennzeichnet.[14] Halten wir fest, dass die Funktionen auf verschiedenen Ebenen der Kommunikation

erfüllt werden, je nachdem, welcher Kommunikationskanal
verwendet wird: Entfernung und Ausrichtung der Hüften,
Orientierung und Neigung des Oberkörpers; Ausrichtung
und Dauer von Blicken; Ausrichtung, Dauer und Tonlage
der anderen Ausdrucksformen (Mimik, Gestik, Laute, Ver-
balisierung).

Eine zwischen drei und neun Monaten erreichte Kompetenz

In welchem Alter ist das Kind in der Lage, seine Gefühle mit
beiden Eltern auszutauschen? Für Fivaz[15] erlangt es diese Fähigkeit mit neun Monaten. In dem von Stern als »intersub-
jektiv« bezeichneten Stadium kann das Baby für Momente in
eine intersubjektive Kommunikation von drei Personen eintreten (Augenblicke, die dann als Teilen von Freude, als Konfrontation, sozialer Bezug bezeichnet werden). Aber es ist
sehr wahrscheinlich, dass Vorläufer für eine solche Kompetenz mit etwa drei Monaten auftreten, also einem bereits »sozial« genannten Stadium, vorausgesetzt natürlich, dass die Eltern genügend koordiniert sind.

Die Kommunikation von Triaden (ein Dreieck, das man
»Person-Person-Person« nennt), wird heute in Frankreich in
einem ganz anderen theoretischen Rahmen verwendet.[16] Ziel
hierbei ist, im Verhalten des Kindes die Vorläufer der Fähigkeit zu sehen, sich vorzustellen, was die menschlichen Partner sehen, wünschen, denken (in diesem Zusammenhang
spricht man von Meta-Vorstellung). Diese Fähigkeit entsteht
im Alter von drei Monaten und wird dadurch erkennbar,
dass ein Baby in der Lage ist, dem Blick zu folgen, den ein
Erwachsener auf einen anderen Erwachsenen richtet, der
sich auch im »Dreieck« befindet. Man wird die Ähnlichkeit

des angenommenen Alters in den beiden Versuchsreihen (drei Monate) bemerken trotz der Abweichung ihrer Forschungsziele: gemeinsame Intersubjektivität in einem Fall, soziale und kognitive Kommunikation im anderen. Diese letzte Perspektive ist verführerisch, aber es wäre zu wünschen, dass sich die Psychologen, die sich mit der Kognition befassen (Spezialisten in der Erforschung der Intelligenzentwicklung), nicht mehr auf die Beobachtung von gleichsam »neutralen« Partnern (»Personen« oder »Erwachsenen«) beschränken, sondern ihre Fragen auch auf die Besonderheiten der beiden Eltern ausweiten. Sprachpsychologen haben ihnen den Weg gewiesen.

Somit ist klar, dass sich im Lauf der ersten neun Lebensmonate (und umso mehr in den Monaten und den zwei Jahren danach) dem Kind ohne Verwechslungen die sensorischen Reize, die verbalen und nonverbalen Kommunikationsformen, die von beiden Elternteilen zum Ausdruck gebrachten Gefühle einprägen. Außerdem wird es fähig, aktiv Verhaltensweisen zu erwerben, die sich für jene, die in seiner Umgebung die bevorzugten Partner sind, eignen. Der Vater kann sich den Platz neben der Mutter zu Eigen machen oder darauf verzichten, aber wenn er sich wirklich darauf einlässt, dann stellt er bereits einen anderen als die Mutter dar, den präsymbolischen Dritten.

Die Auswirkungen der Gegenwart des Vaters während des ersten Lebensjahrs

Manche Forscher haben die These vertreten, dass Väter einen messbaren Einfluss auf die emotionale und kognitive Entwicklung ganz kleiner Kinder haben: Wir wollen die Ergebnisse von drei Versuchsreihen wiedergeben, die sich auf immer differenziertere Forschungsansätze stützen.

Wohltaten für Vater und Kind

Es ist 20 Jahre her, seit durch mehrere Untersuchungen bewiesen wurde, dass Jungen, die häufig mit ihrem Vater Kontakt gehabt hatten, mit sechs Monaten in Gegenwart eines fremden Menschen sicherer sind und im Bereich der Sprache und der Kontrolle von Augen- und Handbewegungen weiter als Babys, die nicht regelmäßig mit ihrem Vater zusammen waren.[17]

Einige Forscher haben einen differenzierteren Forschungsansatz herangezogen, bei dem die Auswirkungen bestimmter Arten väterlicher Gegenwart verglichen wurden, und haben bewiesen, dass sich in den ersten Lebensmonaten das Engagement des Vaters positiv auswirkt. In einer in Australien durchgeführten Studie[18] wurde gezeigt, dass sich Väter, die auf die Pflege des Kindes vorbereitet worden waren, wozu besonders Baden und Massagen gehörten (die Informationen erhielten sie zu Hause), zwei Monate später in ihrer Beziehung zu dem Baby stärker engagierten als die Väter einer anderen Gruppe.

Mit drei Monaten zeigte sich bei den vergleichenden Studien, dass die 16 Kinder der Gruppe (neun Jungen, sieben Mädchen) ihren Vater mit mehr positiven Signalen empfingen (Blickkontakt, Lächeln, Laute) und mit weniger negativen (verschiedene ausweichende Verhaltensweisen). Die Beobachtung einer Interaktionsphase zeigt im Übrigen, dass die Väter aus der zitierten Untersuchung für die Liebesbezeugnisse ihrer Babys empfänglicher waren. Dieser Versuch der Elternerziehung zeigt, wie sinnvoll eine Beteiligung von Vä-

tern an der Versorgung der Kinder in den ersten Lebensmonaten ist.

Auf die gleiche Weise hat man sich die Frage gestellt, welche Wirkung es haben könnte, wenn sich der Vater der kognitiven Entwicklung seines Kindes widmet (die Versuchsper-
sonengruppe bestand aus 48 irischen Vätern). Das Ausmaß
der Teilnahme von Vätern an der Versorgung wurde an der
Häufigkeit ihrer Betätigungen[19] gemessen, und das psycho-
motorische Niveau der Babys wurde an der Entwicklungs-
tabelle von Bailey gemessen (auf das Alter von Einjährigen
bezogen). Der Korrelationskoeffizient zwischen den beiden
Messreihen hatte sich als statistisch signifikant erwiesen, und
so nahm man an, dass die aktive Gegenwart des Vaters in der
Zeit vor, während und nach der Geburt dem mentalen
Wachstum der Kinder beiderlei Geschlechts Nutzen bringt.
Auch hier haben die Ergebnisse die Idee nahe gelegt, dass ein
frühes Engagement des Vaters einen guten Einfluss hat.[20]

Beteiligung und Unterscheidung

Auf Grundlage eines dritten Forschungsansatzes, der darin
besteht, die Wirkungen einer Beteiligung des Vaters an der
Versorgung eines Kleinkindes zu vergleichen und dabei zu
berücksichtigen, ob diese zu dem Anderssein des Vaters passt
oder nicht, wurde bewiesen, dass ein gesteigertes Engagement
noch keine ausreichende Garantie war.[21]

Von einem halbstrukturierten Interview ausgehend, wurden zwei Gruppen von zehn Vätern unterschieden, ausgewählt
unter 36 Personen, nachdem sich per Fragebogen ergeben
hatte, dass sich diese 20 entscheidend an der Kinderversorgung beteiligten: Die Väter der ersten Gruppe unterschieden
sich von den Müttern im Hinblick auf Autorität, Verbote, die

Öffnung zur Welt; die Väter der zweiten Gruppe unterschieden sich kaum von den Müttern. Mit neun Monaten wurden die Kinder der beiden Kategorien (fünf Jungen und fünf Mädchen in jeder Gruppe) bei der Interaktion mit ihren Vätern beobachtet, und zwar in einer Situation, bei der auf eine Spielphase mit Spielsachen (fünf Minuten) eine Trennungsepisode (nachdem der Vater seinem Kind Bescheid gesagt hatte, verließ er das Zimmer) folgte. Die Auswertung hat zu zweierlei Schlussfolgerungen geführt.

– Beim Spiel neigen die »sich unterscheidenden« Väter eher als die anderen dazu, das Interesse des Kindes aufrechtzuerhalten, auf seine Forderungen zu reagieren und das Spielzeug auch sozial einzusetzen (nicht nur körperlich). Entsprechend scheinen die Kinder offener gegenüber ihrer Umgebung und weniger abhängig von dem Erwachsenen, weniger »verschmolzen«, wie manche es nennen würden: Vor allem aber spielen sie mehr als die anderen, wenn man ihnen ein neues Spielzeug gibt, ganz als zögen sie die neue Situation der alten vor.
– In einer Trennungsphase scheinen die Babys der ersten Gruppe (der »sich unterscheidenden« Väter) sich weniger archaisch zu verhalten als die anderen: Die Suche nach dem verschwundenen Elternteil geschieht zum Beispiel eher durch Blicke als durch Weinen. Man spürt, dass sie sich sicher fühlen. Sie neigen dazu, sich entschlossener auf Erkundungen einzulassen. Man merkt auch, dass diese Kinder durch Neues mehr angezogen werden als andere.

Vom Alter von neun Monaten an stehen das Anderssein des Vaters und die Autonomie des Kindes offenbar miteinander in Zusammenhang.

Für ein frühes Vatersein

Während der neunziger Jahre verbreitete sich in Frankreich – wahrscheinlich weil bekannt wurde, dass nach Meinung von Fachleuten die Teilnahme des Vaters am *care-giving* sichtbare Wirkungen hat – die Auffassung, dass auch Väter von Anfang an, also schon während der ersten Lebensmonate, viel bei ihrem Kind sein sollten.

In der Nachfolge Lacans definiert Clerget den Vater zwar als Trennenden, als Vertreter der Autorität des Gesetzes und als Vermittler, betont jedoch auch die Notwendigkeit, dem Vater so früh wie möglich einen Platz bei seinem Kind einzuräumen. »Der Vater«, schreibt er, »ist keine Instanz und keine Zutat, die man der Mutter-Kind-Beziehung beimischt. Nein, für das Leben des Babys, das geboren wird, ist von Anfang an neben der Mutter auch ein Vater da.«[22]

Auch die Psychoanalytikerin Aubert-Godard spricht im Rahmen ihrer Arbeit in einer psychiatrischen Einrichtung für Erwachsene von einer »zu errichtenden Triade«, von der sie sagt, sie sei »eine wichtige Bezugsgröße«.[23] Ihre Behandlung von Müttern mit Problemen bezieht sich nicht nur auf die Zweierbeziehung Mutter-Kind; sondern sie hat sich von der Idee inspirieren lassen, dass man von Anfang an auch dem Vater einen Platz gewähren muss: »Es schien mir notwendig«, sagt sie, »die Bedeutung zu betonen, die für mich die gründliche und vorrangige Einbeziehung des Vaters in diese Arbeit hat.«[24]

Diese ursprüngliche Funktion wird auch in der von Lamour geleiteten Forschung über den »primären triadischen Zusammenhalt«, also die Dreiheit Vater-Mutter-Baby berücksichtigt. Ebenso wie die Mutter wird auch der Vater in das Eltern-Werden einbezogen, also in den Prozess, in dem man

sich zu Eltern entwickelt: Der Mann wird Vater, und das Ein-
üben seiner Vaterschaft wird zu der Entwicklung des kleinen
Kindes in Beziehung gesetzt, genauer gesagt, zum Ursprung
seines psychischen Lebens.[25]

Ähnlich ist die Sichtweise, mit der Cupa das Vater-Werden
untersucht. Auch er hat den Aufbau des Trios im Blick. Nach
Auffassung dieser Lebovici nahe stehenden Analytikerin wird
durch den Vater die Bildung der Triade möglich, es vollzieht
sich der »Übergang zu einer dritten Größe«, und es kommt
zur Triangulation, »dem Eintritt in das Symbolische, das ihn
zum Bezugspunkt des Gesetzes macht.«[26] Die Begriffe von
Dreiheit und Triangulation haben Lamour und Cupa gemeinsam.

Die haptonomische (oder psychotaktile) Begleitung, die
heute C. Dolto-Tolitch anwendet, ist von demselben Prinzip
einer sehr frühen Triadisierung[27] beeinflusst: Kinder und ihre
Eltern werden angeleitet, an diesem vor- und nachgeburtli-
chen Prozess teilzunehmen.[28]

Schließlich gibt es dann noch die von dem Analytiker
Golse vertretene Meinung: »Bei sehr kleinen Kindern denkt
man an einen psychischen Apparat Vater-Mutter-Baby, wobei
für einige Monate die Psychismen der drei vollkommen über-
lagert sind.«[29] Einmal mehr wird die frühe Gegenwart des Vaters betont und empfohlen.

Ein Trio mit einem schon »vorhandenen«
Kind bilden

Diese Reihe von Überlegungen über den Stellenwert des Vaters in den Phasen, die auf die Geburt folgen, kann nicht ab-
geschlossen werden, ohne den besonderen Fall einer Triaden-

bildung mit Adoptiveltern zu erwähnen. Es handelt sich dabei, wie man weiß, um einen Prozess, in dessen Verlauf das Ehepaar zum Elternpaar wird, ohne die Zeit nach dem Fortpflanzungsakt erlebt zu haben, und bei dem der Mann Vater wird, ohne der Erzeuger des Kindes zu sein, ohne eine normale Schwangerschaft erlebt zu haben, ohne als Partner der Mutter das Kind in Empfang genommen und es am Anfang seines Lebens versorgt zu haben.

1995 wurden in Deutschland knapp 8000 minderjährige Kinder adoptiert, davon mehr als die Hälfte vom neuen Ehepartner des leiblichen Elternteils. Die Zahl der Adoptionswilligen liegt weit über den zur Adoption vorgemerkten Kindern, 1995 betrug das Verhältnis 1:15. Deshalb wenden sich viele an fremde Länder, weil die Chancen dort höher sind.[30]

Im Allgemeinen erfährt ein Mann, der Adoptivvater wird, die Anerkennung seiner Umgebung, wenn er sich mit seiner Frau zu diesem als großzügig, mutig und bewundernswert geltenden Schritt entschlossen hat, doch muss er auch ein paar Hindernisse überwinden. Wie bei einer Befruchtung mit dem Samen eines anonymen Spenders muss er oft damit fertig werden, nicht selbst Kinder zeugen zu können und bereit sein, einen möglicherweise dornigen Weg zu gehen. Die Zeit der »seelischen Schwangerschaft« dauert gewöhnlich Jahre, und während das Paar auf das Kind wartet, verändert sich der Körper der Frau nicht. Diese Zeit ist oft von mehr oder weniger berechtigten Ängsten begleitet, von enttäuschter Hoffnung, Unternehmungen mit unsicherem Ausgang.

Wenn der Antrag gestellt ist, weitergeleitet und eventuell angenommen wurde, wenn die Formalitäten des Transports, der Entgegennahme erledigt sind, folgen Schritte, die von starken Emotionen begleitet sind. Zunächst die erste Begegnung, dann das sich miteinander vertraut machen (sich ge-

genseitig zähmen), und schließlich der notwendige und plötzliche Eintritt in das Miteinander im täglichen Leben, die harte Konfrontation von Traum und Wirklichkeit.

Das Kind, das sich der Vater oft sehr gewünscht hat, ist ein Kind, dessen Herkunft er nicht kennt (»hat es nicht vielleicht einen verborgenen Fehler?«). Er hat es nicht auf die Welt kommen und hat es nicht wachsen sehen (die frühe Entwicklung des Kindes und das Vaterwerden des Vaters sind nicht zusammen erfolgt). Die ersten Schritte seiner Entwicklung erlebte es bei anderen Erwachsenen. Vielleicht möchte dieses Kind eines Tages seine Eltern kennen lernen und in seine »natürliche« Umgebung zurückkehren?

Man kann sich also alles Mögliche vorstellen, und die Freude über ein neues Familienmitglied ist fast immer von einer gewissen Sorge, von Überengagement und von Angst durchsetzter Hoffnung begleitet. Der Prozess des Vaterwerdens aber wird nicht behindert, und alles, was über den Platz des Vaters beim Säugling gesagt worden ist, kann auch bei der Ausübung adoptiver Vaterschaft angewandt werden, zumindest wenn das adoptierte Kind noch sehr klein ist. Aber die explosive, weil nicht durch langsames Gewöhnen vorhersehbare Kraft der Affekte macht es schwer, die Situation im Griff zu haben, und durch die abrupten Veränderungen gerät der normale Lebensrhythmus durch ein Adoptivkind oft stärker aus dem Gleichgewicht.

KAPITEL 7

VATER SEIN VON ANFANG AN

Heute halten es viele für angemessen, dass der Vater schon beim Säugling einen wichtigen Platz einnimmt. Dass der Vater sich noch früher engagieren soll, wird allerdings von vielen noch nicht akzeptiert, auch nicht von Ärzten und Psychologen. Diesen Zweifeln oder Ablehnungen möchten wir begegnen, indem wir zeigen, inwiefern die Gegenwart des Vaters in der Zeit, die der Geburt vorausgeht, wünschenswert ist.

Die Zeit vor der Geburt: Die Mutter trägt das Kind, der Vater wartet

Seit zwanzig Jahren wird immer wieder gesagt, und zwar zu Recht, dass sich die neun Monate, in denen Eltern ein Kind erwarten, für beide ganz unterschiedlich darstellen, bei der Mutter im Körper, beim Vater im Kopf.

Natürlich ist es die Mutter, die das Kind trägt, die den organischen Bedürfnissen des Embryos und des Fötus durch das komplexe Spiel von symbiotisch genannten Mechanismen gerecht wird, wobei sie eine fortschreitende Veränderung ihres Körpers erfährt und dabei die mehr oder weniger ange-

nehmen Empfindungen einer Schwangerschaft verspürt.[1/2] Es
war zwar auch vom »schwangeren Mann«[3] und von der
»Schwangerschaft des Vaters«[4] die Rede, aber nur als Meta-
pher und im vollen Bewusstsein der Grenzen dieser Vorstellung.

Diejenigen, welche die Kulturgeschichte durchforstet haben, um den Mythos vom »schwangeren Mann« zu verfolgen,
haben im Übrigen betont, dass dies in den Bereich der Folk-
lore gehört und ihre Leser im Weiteren an den Märchen-
schatz verwiesen (vor allem, wo es um die Beziehungen zwischen Geschlecht und Macht geht) und betont, dass dies mit
der »erkennbaren Realität« nichts zu tun habe.[5]

Eltern werden im Körper oder ... im Kopf

Da er den Fötus nicht in seinem Körper bewahren kann, folgt
der Vater den Ereignissen mit seinen Gefühlen, seinen Fragen
und Projektionen, auch seinen Phantasmen.[6] Man könnte sogar meinen, dass bestimmte Symptome bei manchen Männern, während sie darauf warten, Vater zu werden, deshalb
auftreten, weil sie so an der körperlichen Nähe teilhaben können, die die Schwangere erlebt. Immer wenn Männer, die Vater werden, zunehmen oder Rückenschmerzen haben[7], wird
auf die Identifizierung des Mannes mit der schwangeren Frau
hingewiesen, eine Identifizierung, die durch den Ausdruck
»Sympathieschmerzen« noch unterstrichen wird. Fachlicher
ausgedrückt: Man vermutet, dass ein »Konversions«-Mecha-
nismus Grund für diese psychosomatischen Störungen ist,
der 1965 von dem britischen Psychiater Trethovan[8] entdeckt
wurde und seither Brutsyndrom heißt.[9] Solche Brutsyndrom-
Symptome verschwinden im Allgemeinen gleich nach der
Geburt, und nicht alle Väter haben sie: der Anteil liegt bei et-

wa 10–15 Prozent. Die heutigen Fachleute behaupten, dass viele Väter einfach deshalb kleinere Symptome haben, weil sie aufgeregt sind, Vater zu werden.[10]

Vater zu werden verändert den Mann!

Eine andere Reihe von bekannten Phänomenen, mit denen man sich hier nicht länger beschäftigen muss, sind sicherlich die Identitätskrisen, die den Prozess des Vaterwerdens begleiten und sich daraus ergeben. Auf diesem weniger dramatischen Gebiet stehen nicht durch das Warten bedingte Sympathie und passive Teilnahme im Vordergrund, sondern dass sich der Mann auf die Veränderung, die das Vaterwerden mit sich bringt, nun ganz real gewöhnen muss.

Wenn die Entscheidung, ein Kind zu haben, die immer häufiger vom Willen des Paars abhängt, einmal gefallen ist, bedeutet das Vaterwerden, die Beziehung wieder zu erleben, die er selbst als Kind im Lauf einer mehr oder weniger konfliktreichen Familiengeschichte hatte: Mit Lebovici könnte man sagen, dass sich im Geist des Vaters, ohne dass ihm dies bewusst wäre, ein Fantasiekind bildet, das in seinen Träumen Gestalt annimmt. Vater werden bedeutet aber auch, aus der Kindheit und Pubertät stammende Wünsche zu konkretisieren.[11] So gelangt er in die Position, die vorher sein Vater hatte, und verändert dessen genealogischen Rang, da der Vater jetzt in den Status des Großvaters erhoben wird: In diesem Sinn nehmen an diesem Prozess drei Generationen teil, und man kann ihn generationenüberschreitend nennen. Vater werden, das bedeutet auch, mit seiner Lebensgefährtin über das Kind nachzudenken, darüber zu sprechen, über sein Geschlecht, sein Aussehen, seine Charakterzüge, die Wahl des Vornamens. Es bedeutet auch, die nicht immer einfache Er-

fahrung zu machen, dass man nun das Alter erreicht hat, in
dem man Kinder zeugt, das Stadium des Lebens, in dem man
sich immer mehr für das Kind, das man gezeugt und für das
man die Verantwortung übernommen hat, interessiert.[12]

In Frankreich misst man der Dimension des Interesses der
Väter »an der folgenden Generation und ihrer Erziehung«
wenig Bedeutung bei, aber nach Erikson und besonders Parke[13] könnte man diese kritische Periode unter dem Blickwinkel der Entwicklung des Menschen betrachten. Die Zeit des
Kinderzeugens verdient es, als ein Schritt in der persönlichen
Vervollkommnung des Menschen angesehen zu werden, für
manche sogar als Erfüllung ihrer Männlichkeit. Das Vater-
werden stellt sich als ein Prozess dar, der in hohem Maße
sinnbehaftet ist und dessen existenzielle Auswirkung sich im
Licht jeder individuellen Geschichte erklärt. Man kann sie
nicht auf banale Änderungen von Gewohnheiten oder Verhaltensweisen reduzieren, wie sie oft in der wissenschaftlichen Literatur und in der Publikumspresse zu lesen sind: Veränderung der körperlichen Erscheinung (einen Bart wachsen
lassen, den Haarschnitt ändern); das Einkommen aus bezahlter Arbeit erweitern; erwachendes Interesses am Baby (Nest-
vorbereitung); Verstärkung der emotionalen Unterstützung
der Freundin oder des Interesses für Kinder. Solche Veränderungen sind nicht unwichtig, aber sie müssen im Licht der
psychologischen Erfahrung betrachtet werden, die der Weg in
die Vaterschaft bedeutet.

Mit allen Sinnen Vater werden

Ein dritter Aspekt der Zeit vor der Vaterschaft, der in der
Fachliteratur oft überflogen oder vernachlässigt wird, verdient eine nähere Betrachtung: die bewusste Teilnahme des

Vaters durch einen Beitrag zur psychobiologischen Entwicklung des Kindes im Mutterleib.[14] Dies ist von Bedeutung, seit Gynäkologen und Fötologen die sensorischen Fähigkeiten des Fötus und danach des *infans* nachgewiesen haben: Vor der Geburt ist ein Kind empfänglich für akustische und taktilokinetische Botschaften von der Mutter oder dem Vater. Das Interesse hieran entstand auch dadurch, dass man das Baby schon sehr früh im Mutterleib sichtbar machen kann.

Was der Ultraschall verrät

Die Verwendung des Ultraschalls, mit dem das Kind im Mutterleib sichtbar gemacht werden kann, ist heute nichts Besonderes mehr. Schwangere haben ein Recht auf die entsprechenden Untersuchungen, sie werden bei allen Schwangeren durchgeführt und ihre medizinische Bedeutung ist unumstritten.[15] Auch die psychologische Wirkung auf die künftigen Eltern ist in den meisten Fällen positiv: Das Bild auf dem Schirm lässt die Gegenwart des Kindes deutlich werden und kann Eltern, die sich Sorgen machen, beruhigen.[16] Das Geschlecht (im Fall, dass das Bild eine Hinweis darauf gibt) wird den Eltern nur verraten, wenn sie es wünschen, manche von ihnen möchten sich dieses Geheimnis bis zur Geburt aufheben.

Welchen Stellenwert hat der Vater in dieser einseitigen Kommunikationsform (die Eltern sehen das Kind, ohne gesehen zu werden)?

Immer mehr Frauenärzte und Ultraschall-Spezialisten vertreten die Ansicht, dass der Gefährte der Mutter wenn möglich dabei sein sollte (ob er nun der Erzeuger des Kindes ist oder nicht): Für viele Männer bedeutet es die Gelegenheit, sich zum ersten Mal bewusst zu werden, dass sie Vater werden, oder zumindest eine Bestätigung des Gefühls, Vater zu werden. Da der Vater im Unterschied zur Mutter nicht über interozeptive oder propriozeptive Informationen verfügt, die ihm garantieren, dass sich in seinem Körper ein lebendes Wesen aufhält, kann er im beweglichen Bild seines Babys eine erste Form der Bestätigung seiner späteren Vaterschaft finden. Der Ultraschall der ersten drei Monate (vor Ende des dritten Monats) ermöglicht es ihm, das Baby ganz auf dem Bildschirm zu sehen und auch das Schlagen des Herzens als Blinksignal zu verfolgen. Im fünften Monat erhält er weitere Informationen: Er kann recht deutlich das Gesicht erkennen (kann sogar bereits über Ähnlichkeiten spekulieren). Und wenn er will, kann er das Geschlecht erfahren (sodass er weiß, dass das Kind ist wie er oder anders als er). Im achten Monat kann im Vater die Hoffnung wachsen, dass er ein »normales« Baby haben wird.

Gehen Väter auf die Einladung ihrer Gefährtinnen, an den Untersuchungen teilzunehmen, ein? Viele tun es, vor allem bei der ersten Geburt, aber nicht alle. Außer denen, die sich schon abgesetzt haben, können manche aus beruflichen Gründen nicht teilnehmen. Deswegen müssen sie sich oft damit begnügen, im Nachhinein eine vom Ultraschallexperten erhaltene Videokassette anzuschauen (was freilich außerhalb der Situation, oft ohne die Mutter und ohne ein besonderes Gefühl geschieht). Es wäre sicher gut, wenn sie ein Recht auf diese Begegnung hätten, und sei es mithilfe einer Befreiung von der Arbeit.

Stimmen hören?

In den achtziger Jahren haben mehrere Forscher geäußert, dass der Fötus bestimmte akustische Reize aufnehmen[17] und dass er, wenn er zur Reife gelangt ist (im Stadium des Neugeborenen), zumindest zwei Arten von Geräuschen unterscheiden kann, die er während der Schwangerschaft gehört hat. Die Stimme der Mutter im Unterschied zu denen von anderen, und eine Melodie, die sich von anderen unbekannten unterscheidet.

Manche behaupten darüber hinaus, dass diese Art frühen Lernens auch für die Stimme des Vaters gilt und dass deren Wirkung auf das Kind »vor und nach der Geburt« sogar noch deutlicher wäre.[18] Es trifft offenbar zu, dass die Stimme des Vaters dem Fötus bereits gut vertraut ist und die Erinnerung an ihr Hören nach der Geburt des Kindes nachgewiesen werden kann.

Heute scheint es jedoch sicher, dass für die, welche aus dem Vater einen privilegierten Sprecher machen wollten, bevor er zum Vertreter des Gesetzes wurde, der Wunsch Vater des Gedankens war. Ein Neugeborenes kann sehr wohl die Stimme seiner Mutter von denen anderer Frauen unterscheiden, aber nicht die des Vaters von denen anderer Männer (ob Vater oder nicht). Die Arbeiten von De Casper 1984 haben zumindest vorübergehend dem Streit ein Ende gesetzt: Bei der Geburt zeigt ein Kind keinerlei Vorliebe für die Stimme des Vaters.[19] Dies wurde seitdem mehrfach bestätigt.[20/21] Fügen wir hinzu, dass Neugeborene dieses negative Ergebnis kaum verbessern. Nach einer siebenteiligen Versuchsreihe waren Babys nach wie vor nicht in der Lage, die Stimme ihres Vaters von denen anderer Männer zu unterscheiden.

Es genügt hier festzuhalten, dass in den letzten Monaten des Lebens im Mutterleib das *infans* von verschiedenen akustischen Reizen angeregt wird: Das Hören beruhigender Musikstücke und Lieder, die die Mutter singt, dürften die Lust des künftigen Kindes zuzuhören steigern. Wenn Väter über-

zeugt sind, dass das Kind lieber zwei Eltern hat als nur eine
Mutter, können sie ruhig mit ihrer Gefährtin mitsingen: Dies
ist eine schöne Art, zu dritt zu sein, noch bevor das Baby normale Luft atmet.

Dialog mit bloßen Händen

Der letzte Aspekt der Kommunikation vor der Geburt ist der
bilaterale Dialog mit taktilen und kinästhetischen Mitteln.
Schon immer haben schwangere Frauen diesen Dialog geführt und wollen aus Neugier ebenso wie aus Zuneigung ihrem Nachwuchs näher kommen. Meistens vollzieht sich dieser Dialog friedlich und angenehm, manchmal kann es dabei
aber zu Streitigkeiten kommen; Doris Lessing hat eine solche
Situation in *Das fünfte Kind* beschrieben.[22]

Für Neurophysiologen haftet diesem Dialog nichts Magi-
sches an: Reize, durch Berührung mit der Hand (Haut an
Haut) auf dem Unterleib der Schwangeren rufen beim Kind
toniko-posturale Reaktionen hervor, und es bewegt sich
(kriecht) deutlich spürbar für die Mutter und den Vater.
Veldmann wollte dies empfehlen und systematisieren und
eine neue Wissenschaft damit begründen. Die Haptonomie,
»Wissenschaft von den Gefühlen« oder genauer des gefühl-
vollen Berührens.[23] In den achtziger Jahren wurde diese Technik der psychotaktilen Begleitung des Ungeborenen von einigen Forschern (etwa This oder Clerget) erklärt, untermauert
und dargestellt. In jüngerer Zeit haben Geburtshelfer[24], Psy-
chotherapeuten[25] oder auch Haptotherapeuten[26] das Interesse an einer Annäherung an das Kind durch Berührung des
Bauchs der Mutter gefördert. Dieser Ansatz soll sich nicht auf
das rein Körperliche beschränken, sondern darüber hinaus
psychosensomotorische Dimensionen mit einbeziehen.[27] Er

hat zum Ziel, länger anhaltende Wirkungen und nicht nur unmittelbare Reaktionen hervorzurufen.

Emotional mit dem Ungeborenen zu kommunizieren, indem man Mittel der Berührung, Auflegen der Hand und Druck verwendet, ist das Bestreben der Haptonomie. Ist dies eine notwendige Methode? Nein, im Grunde nicht. Körperliche und seelische Ausgeglichenheit des Neugeborenen hängen nicht unbedingt von der Anwendung der veldmanschen Entdeckung ab.[28] Ist sie vorteilhaft und deshalb empfehlenswert? Im gleichen Sinn wie die anderen Methoden, die auf die Geburt vorbereiten wie Entspannung oder Yoga. Auch dann, wenn dabei die Grundprinzipien der Biomechanik berücksichtigt werden. Und ebenso wenn sich während dieses Austauschs die Mutter nicht darauf beschränkt zu streicheln, zu stützen, zu stoßen, und sich dem Gefühl hingibt, das sie schon mit dem Wesen, das ihr Kind wird, verbindet. Die Haptonomie darf nicht nur eine Technik nonverbaler Kommunikation sein: Sie ist nur zulässig, wenn sie als Beziehung stattfindet, als Vorspiel zur Bindung des Babys an seine Mutter und der Fürsorge der Mutter gegenüber ihrem Kind, kurz, wenn selbstlose Liebe im Spiel ist.

Können Väter an diesen Augenblicken eines taktilen Dialogs teilhaben? Technisch ist Haptonomie leicht zu erlernen (eine einführende Sitzung kann genügen) und harmlos. Aber nicht alle Ärzte haben Erfahrung damit und unter denen, die sie praktizieren, werben nicht alle dafür, vor allem nicht bei werdenden Vätern. Auch hier muss man sinnvoll vorgehen: Wenn Männer den Entschluss fassen, sich mit den ersten spürbaren Lebenszeichen des Ungeborenen vertraut zu machen und sich dabei emotional engagieren, brauchen sie nicht auf dieses legitime Vergnügen zu verzichten. Wesentlich ist, dass sie als Männer dabei mitwirken, in der Rolle des Dritten, und nicht mit dem Ziel, mit dem Baby zu verschmelzen. Nur so kann sich ihre Gefährtin in ihrer Rolle als Frau und Mutter bestätigt fühlen.

Aus all dem wird deutlich, dass die »Geburt« des Vaters der Geburt des Kindes vorausgeht, und ebenso deutlich, dass das Vaterwerden ein Prozess ist, bei dem die Identität neu geordnet wird. Deshalb haben Ärzte auch Maßnahmen entwickelt, um werdende Väter zu begleiten. Solche Hilfsangebote reichen von Geburtsvorbereitungskursen (einige Männer nehmen daran, meistens vom achten Monat an teil) bis zur Aufforderung, an speziell für Männer eingerichteten Gesprächsgruppen teilzunehmen.[29] Leider werden diese Initiativen nur selten genutzt, und die Männer, die sie am meisten brauchten, weil sie zu wenig wissen oder zu wenig Geld haben und sozial schlecht situiert sind, ergreifen diese Gelegenheit kaum. Außer diesen Programmen würde man einen großen Schritt nach vorn tun, wenn man bereits männlichen Jugendlichen und jungen Erwachsenen vermitteln würde, dass es wichtig ist, sich mental und auch emotional mit dem langen Weg zur Vaterschaft zu beschäftigen.

Sich damit zu beschäftigen heißt, auf die Veränderungen zu achten, die in Körper und Geist der Gefährtin vor sich gehen, aufgeschlossen sein für die Botschaften, die das Kind schon aussenden kann (durch Ultraschall und Haptonomie) und vor allem zu versuchen, mit Neugier, aber zugleich heiter und vertrauensvoll auf die Ereignisse zu warten. Offenheit gegenüber dem Geschehen, psychische Bereitschaft, sinnliche und gefühlsmäßige Aufnahmefähigkeit sind die wichtigsten Wörter, um zu beschreiben, wie im Idealfall die Dynamik des »Wartens« des Vaters aussieht.

Es ist legitim zu sagen, dass man Kinder zu zweit macht (auch wenn man dabei auf das Sperma eines anonymen

Spenders zurückgreifen muss), und so ist es auch logisch zu sagen, dass man zu zweit ein Kind erwartet oder, wie es die Amerikaner nennen, dass die Schwangerschaft eine »Familienangelegenheit« ist. Mit der Vaterschaft ist es wie mit dem Mutterwerden: Man kommt nicht als Eltern auf die Welt, sondern wird mit der Zeit dazu.

Vater werden mit ärztlicher Hilfe

Man wird es mit der Zeit, auch dann, wenn das Warten auf ein Kind anders verläuft als in den Fällen, die wir bisher untersucht haben: Ich spreche von künstlicher Befruchtung, besonders von der Befruchtung durch anonyme Spender.

Diese Art, Vater zu werden, ist recht ungewöhnlich, da beim Mann nicht durch eine Operation seine Fähigkeit zum richtigen Schuss (um ein Bild aus der Fußballsprache zu nehmen) hergestellt wird, sondern weil er »abseits« steht. Diese neue Art, Vater zu werden, ist möglich durch die künstliche Befruchtung, eine Methode, die bei Unfruchtbarkeit oder Gefahr der Weitergabe genetischer Krankheiten angewandt wird.[30] Ein solcher Eingriff erfolgt, wenn ein heterosexuelles Paar den Wunsch äußert, Eltern zu werden – gemeinsam Lebende können sich künstlich befruchten lassen, wenn sie mindestens zwei Jahre zusammen gewohnt haben, es gelten dafür strenge Regeln.[31]

Wie stellt sich die Frage nach dem Vater-Werden, in einer Situation, in der die Zeugung nicht in einem biologischen Akt erfolgt, sondern nur auf »dem Willen, dem Engagement und damit der eigenen Verantwortung« beruht?[32] Es ist nicht schwer zu begreifen, dass es einem Mann schwer fällt anzuerkennen, dass er unfruchtbar ist und sein genetisches Erbe nicht weitergeben kann. Ärzte, die spezialisiert sind, betrof-

fene Paare zu betreuen, weisen auf eine andere, subtilere
Schwierigkeit hin. Der unfruchtbare Mann muss ein Kind als
sein eigenes anerkennen, das seine Frau oder Freundin durch
Mitwirkung zweier anderer Männer erhält: den anonymen
Samenspender und den Arzt, der die Befruchtung vornimmt.
Manche glauben, dass bei solchen Vätern das Phantasma eines Ehebruchs entsteht, und sie meinen daher, dass es mitunter notwendig ist, sie »bei der Wiedereroberung des Platzes
von Ehemann und Vater zu unterstützen und zu begleiten«.[33]
Andere weisen auf dieselbe Schwierigkeit hin und sprechen
von »additiver Vaterschaft«, also einer, die mehreren Individuen zukommt, dem unfruchtbaren Ehemann, dem anonymen Spender und dem Arzt, der den Eingriff vornimmt.[34]
Hilfe beim Vater-Werden ist manchmal unerlässlich, und die
betreffenden Ärzte sind meist bereit, der Bitte um Unterstützung nachzukommen.

Die Zeit der Geburt: Gebärende Mutter, Rückhalt gebender Vater

Früher wurde es Vätern verboten, im Kreißsaal dabei zu sein:
Man war der Meinung, eine Geburt sei reine Frauensache
(für die Mutter, Großmutter und Hebamme, manchmal eine
Krankenschwester) und dass der einzige für den Ablauf des
Geschehens »nützliche« Mann der Arzt und Geburtshelfer sei
(damals waren die meisten noch männlich).

Der Vater bei der Geburt: eine Praktik, die sich immer mehr verbreitet

Erst seit etwa 30 Jahren betrachtet man die Gegenwart des
Vaters nicht mehr als gefährlich (das Schreckensbild einer In-

fektion hat sich als unbegründet erwiesen) und inzwischen sogar als wohltuend.

Zwischen 1972 und 1992 stieg die Zahl der Krankenhäuser in Amerika, die für einen Zugang der Väter in den Kreißsaal waren, von 27 auf 100 Prozent; in den neunziger Jahren nahmen 85 Prozent der Väter, die bei der Mutter lebten, an der Geburt des Kindes teil.[35] Auch in Europa und Frankreich hat es eine solche Entwicklung gegeben. In Frankreich nehmen viele Väter teil, allerdings nur wenige arabische Väter, die meistens ihre Frau nur zur Geburt begleiten und danach wieder abholen »und den Kreißsaal nur betreten, wenn die Frau zugedeckt ist«.[36]

Warum soll der Vater bei der Geburt dabei sein?

Was ist gut daran, dass Väter schon so früh in Aktion treten? Wie soll man, nachdem man mehr als zwei Jahrzehnte Erfahrungen hat, Art und Weise seiner Beteiligung beschreiben? René Frydman, der einräumt, dass der Platz des Mannes im Augenblick »weder bequem noch einfach«[37] sei, meint, dass man vom werdenden Vater nicht einfach verlangen soll, bei seiner Gefährtin zu bleiben: »Der Vater muss, ohne dass man es ihm schwer macht, in den Kreißsaal gehen können, ihn auch wieder verlassen und wieder zurückkommen dürfen.«[38] Wenn er an einem Geburtsvorbereitungskurs teilgenommen hat und es wünscht, kann er seine Freundin begleiten, wenn sie pressen muss oder wenn sie sich entspannt und atmet, und sie so aktiv unterstützen. »Dies alles führt zu einer unersetzlichen Gemeinsamkeit und Stärkung« der Frau.[39] Nach der Austreibung des Kindes (so wird es leider genannt), kann der Vater sich durch eher symbolische Gesten am Geschehen beteiligen, die heute in manchen Geburtenstationen schon

zum Ritual geworden sind: Er kann die Nabelschnur durch-
trennen, eine Handlung, mit der er die den Psychoanalytikern
so wichtige Trennungsfunktion vorwegnimmt; andererseits
gibt es das Bad, bei dem auch die dem Vater zugeschriebene
Funktion der Öffnung zur Welt und des Eintauchens des Kindes in seine soziale Umgebung anklingt. Väter müssen wissen,
dass sie nicht unbedingt bei diesen Handlungen mitwirken
müssen, und wenn sie lieber davon Abstand nehmen wollen,
wird die Entwicklung des Neugeborenen keinesfalls darunter
leiden, dass die Hebamme sie vornimmt.

Was weiß man darüber, wie es sich auswirkt, wenn Väter
bei der Geburt dabei sind? Sehr wenig, liest man in amerikanischen Untersuchungen nach.[40] Offenbar nehmen Frauen,
denen ihr Mann hilft, weniger Schmerzmittel und erleben die
Geburt positiver als Frauen, die allein sind. Die Väter selbst
verspüren eine gewisse emotionale Genugtuung: Nur wer als
Vater dabei ist, kann das »wahre Glück«, die »ekstatischen
Momente« und die Phasen intensiver Freude erleben. In Ge-
sprächen mit Vätern haben auch wir oft Berichte gehört, bei
denen immense Freude und ein hohes Selbstwertgefühl zum
Ausdruck kamen.

Vor allem Diskretion

Soll die Teilhabe des Vaters über das, wovon wir bisher sprachen, hinausgehen? Es ist sicher vorstellbar, dass Geburtenstationen, in denen die Geburt in einer speziellen Badewanne
stattfindet (die Öffnung des Muttermunds wird durch die
entspannende Wirkung lauwarmen Wassers erleichtert), den
Vater bitten, mit seiner Gefährtin Körperkontakt zu halten
und sich hinter sie zu setzen und zu streicheln, aber man
sollte bei der Mitwirkung des Vaters nicht zu gekünstelt vor-

gehen. Dass der Vater bei einem Kaiserschnitt im OP dabei ist, scheint kaum wünschenswert: In einigen amerikanischen und auch deutschen Krankenhäusern ist dies erlaubt.[41]

Nachdem es in den achtziger Jahren einen gewissen Aktionismus gab, sind wir jetzt in einem Stadium, in dem man auf die Nuancen achtet und sich der Komplexität der Sache bewusst wird. So tritt ein Psychiater wie Teboul zwar noch für die Anwesenheit des Vaters bei der Geburt ein, warnt aber vor allzu großem Eifer.[42] Odent, ein Pionier der modernen Geburtshilfe mit gewisser Neigung zum Abenteuer, der sich für Wasser- oder Hausgeburt einsetzt, hat die Frage gestellt: »Ist die Teilnahme des Vaters an der Geburt gefährlich?«[43] Er kam auf diese Frage, weil es durch »verborgene Konflikte bei manchen Paaren« zu schwierigen Geburten kommen kann und auch dadurch, dass manchmal die »geteilte Erfahrung der Kindsgeburt die Kameradschaft des Paares fördert, nicht aber die sexuelle Anziehung«.[44]

In der Praxis ist es so, dass Väter oft nicht an der Geburt teilnehmen, weil sie die seelische Belastung fürchten: »Manche Väter kommen mit ins Krankenhaus, gehen aber nicht in den Kreißsaal, weil sie glauben, dort zu starken Emotionen ausgesetzt zu sein.«[45]

Die Mitwirkung des Vaters an der Geburt müsste auch nach Verlassen des Kreißsaals möglich sein, an dem Ort im Krankenhaus, an dem Mutter und Kind die Zeit nach der Geburt verbringen. Viele Väter sind dazu bereit, aber damit dies möglich ist – oder auf befriedigende Weise geschieht – müsste man die Räume entsprechend herrichten (Möglichkeit der Übernachtung für den Vater) und sich auch zeitlich entsprechend auf seinen Besuch einstellen (Bad am Ende des Tages, damit der Vater das Kind baden kann). So kann es zu echten Begegnungen kommen. Man müsste vor allem das Personal

von der Notwendigkeit überzeugen, »dass dem Vater ein Platz
bei dem Kind eingeräumt wird«, und auf junge Mütter hören, wenn diese »auf diesem Platz bei sich und dem Kind bestehen«.[46]

Im Fall einer Frühgeburt

Beschäftigen wir uns kurz mit dem nicht außergewöhnlichen
Fall, dass der Vater mit einer zu frühen Geburt konfrontiert
wird, entweder einer einfachen oder auch einer komplizier-
ten.

Diese schwierige Situation löst gewöhnlich bei beiden Eltern mehr oder weniger starke psychische Traumata aus. Es
handelt sich um eine »narzisstische Kränkung«, entstanden
durch ein Gefühl der Unfähigkeit, der Minderwertigkeit. Da
die Mutter indisponiert ist und das Kind vorübergehend auf
der Intensivstation liegt, steht der Vater vor besonderen Herausforderungen.

Wenn er es hinnimmt, steht er »an vorderster Front« und
wird in eine Vermittlerrolle gedrängt.[47/48] Auch wenn er nicht
direkt an der Pflege teilnimmt (Waschen, Füttern) erwartet
man von ihm, dass er in die Beziehung Mutter-Kind eingebunden ist: Er kann seiner Frau oder Freundin Informationen geben und ihr klarmachen, dass das Baby nicht allein gelassen wird.

Spezialisten wünschen sich, dass Väter in solch schwierigen
Momenten mitwirken: »Es ist anerkannt, dass in Abteilungen
für die Reanimation Neugeborener die Beteiligung des Vaters
an der Versorgung des Kindes weltweit zu äußerst positiven
Ergebnissen für die Entwicklung des Kindes geführt hat.«[49]

Je früher desto besser

Welche Schlüsse soll man aus dieser kurzen Darstellung der perinatalen Phase beim Prozess des Vaterwerdens ziehen?

Zunächst, dass bei Geburten ohne Komplikationen die Gegenwart des Vaters positiv zu bewerten ist (außer der Vater selbst lehnt seine unmittelbare Beteiligung ab). Denn die psychologischen Bedingungen der Hilfe für die Gebärende durch den Vater und die Entgegennahme des Kindes werden dadurch erheblich verbessert.

Dennoch kann es noch Fortschritte geben, wenn man zwei einander ergänzende Grundsätze zur Voraussetzung macht. Man muss sich zunächst erinnern, und dies zu schreiben ist geradezu trivial, dass die psychischen Positionen von Mann und Frau nicht austauschbar sind: Da gibt es die körperlich Gebärende, die Mutter, und einen symbolischen Gebärer, den Vater. Jeder muss seinen Part spielen. Dann muss man es dem Vater ermöglichen, seinen Platz einzunehmen und sich als Mann zu betätigen, als Partner, als Zeuge und als einer, der Rückhalt gibt.

Ohne Zweifel ist der Moment der Geburt für den Vater eine außerordentliche Gelegenheit, seine Gefühle zu aktivieren oder zu reaktivieren, die (bereits) Eltern mit dem Kind verbinden.

Aber es sollte auch und vor allem eine einzigartige Gelegenheit sein, sehr eng mit seiner Partnerin zusammenzukommen und bei dem Neugeborenen und der neuen Mutter, gegenüber dem Team im Krankenhaus seine Männlichkeit zum Ausdruck zu bringen. Zu bewirken, dass der »werdende Vater« so schnell wie möglich »in seiner besonderen Erfahrung des Vaterwerdens anerkannt wird«, also in einer »Vaterschaft, die männlich ist«.[50]

Ein langer ruhiger Fluss?

Am Ende dieser Darstellung vom Eintritt des Vaters in das
Geschehen soll nicht der falsche Eindruck entstehen, dass der
Weg zur Vaterschaft mit einer vorgesteckten Piste vergleichbar ist, der man, nachdem der Startschuss erfolgt ist, genau
zu folgen hat. Man kann die ersten Etappen durchaus ver-
säumt haben und erst später den richtigen Rhythmus finden.
Jeder psychologische Vorgang des Menschen vollzieht sich in
der erlebten Zeit, und diese ist nicht für alle gleich, sondern
unterliegt existenziell bedingten Verkürzungen und Ausdeh-
nungen, spielt sich nicht linear ab, sondern ist auch Zufällen
unterworfen, und diese können unsere mentalen Ressourcen
ohne irreparable Schäden ertragen, selbst wenn es hier und
da zu Verspätungen, Irrtümern oder Pannen gekommen ist.

Viele Männer, die eine sehr gute Beziehung zu ihren
Kindern im Schulalter haben, ließen während der Schwangerschaft und Geburt zu wünschen übrig, waren zu wenig präsent, nahmen zu wenig gefühlsmäßig teil. Zwiespältige Gefühle und Verwirrung, Panik bei dem Gedanken, Vater zu
werden, all dies ist möglich, ohne dass es Spuren hinterlässt.
Vieles kann man rückgängig machen[51], die Fähigkeit, sich
nach einer Traumatisierung oder seelischen Erschütterung zu
ändern, gibt es auch bei Vätern. Da es an dieser Stelle festzuhalten gilt, wie die Aufgabe des Vaters im besten Fall aussehen kann, sagen wir deutlich, dass es für den Vater und die
Mutter und auch schon das Kind entscheidend ist, dass der
Vater so früh wie möglich mit dem Vatersein beginnt. Es geht
darum, dass er anwesend ist, dafür geradesteht, sich beteiligt,
ohne sich übertrieben aufzudrängen oder überaktiv zu sein.
Vater zu werden steht unter besseren Bedingungen, wenn der
Mann von Anfang an psychisch daran beteiligt ist.

KAPITEL 8

GEMESSEN AN DER WIRKLICHKEIT
DER KONKRETE VATER

Nachdem wir uns Gedanken über den Einfluss und den Zeitpunkt gemacht haben, ab dem ein Vater sich auf sein Kind bezieht, bleibt noch zu klären, wie sein Handeln konkret aussehen sollte. Im ersten Kapitel wurden Merkmale des symbolischen Vaters genannt, aus denen sich einige Fragen ergeben, etwa die, wie man den Begriff eines »konkreten Vaters« von dem des »symbolischen Vaters« abgrenzen kann. Genauer gesagt, geht es um die Frage, unter welchen Umständen sich ein Mann für einen Vater halten und Vater nennen kann. Was ermöglicht es ihm, seine Vaterschaft anzuerkennen? Welche Rechte und Verpflichtungen entsprechen dem Status eines Vaters, und was bleibt von den Prinzipien übrig, wenn sie Tatsachen standhalten müssen? Muss man schließlich in der Art, diese Aufgabe zu erfüllen, von Kontinuität oder von Diskontinuität sprechen?

Die Identifikation des Vaters

Die Frage »Wer ist der Vater?« zu stellen, hat nur dann einen Sinn, wenn man sogleich ergänzend fragt: »Von welchem Vater ist die Rede?« Man muss den Vater genauer bezeichnen,

wenn man wissen will, auf welcher Ebene man sich befindet.
Mindestens vier Bezeichnungen werden von Puristen verwendet:

– Der biologische Vater (oft Erzeuger genannt) ist der, der
seine Keimzellen (sein Sperma) und damit seine Chromosomen weitergibt, und die Mutter befruchtet.
– Der gesetzliche Vater ist der, der das Kind gesetzlich als das
seine anerkennt.
– Der soziale Vater erzieht das Kind in seinem Haus und ist
daher unmittelbar gegenwärtig und identifizierbar.
– Der symbolische Vater vertritt dem Kind gegenüber das
Gesetz.

Der biologische Vater

Traditionell war man der Auffassung, der Vater sei »immer
ungewiss« (*pater incertus*), während die Mutter ohne Zweifel
als sicher gelten könne (*mater certissima*).Wir haben bereits
erwähnt, dass die Technik der künstlichen Befruchtung der
Mutter mittels anonymen Spenders die Frage der biologischen Vaterschaft erschwert.[1] Wie soll man den lateinischen
Aphorismus verstehen und rechtfertigen? Früher waren
Schwangerschaft, Entbindung und Brusternährung sichere
Zeichen, wer die Mutter war. Der Erzeuger ließ sich nicht auf
so »natürliche«, fast automatische Weise ausmachen. Dieser
Glaube ist noch weit verbreitet und beruht doch auf teilweise
falschen Voraussetzungen.

Die absolute Sicherheit der leiblichen Mutterschaft besteht
heute nicht mehr. Man kann nie sicher sein, ob die Frau, die
ein Kind aufzieht, tatsächlich dessen leibliche Mutter ist.
Auch wenn sie es nicht adoptiert hat, so kann es sein, dass es
durch eine Leihmutter ausgetragen wurde (eine seltene und

in Deutschland nach wie vor verbotene Maßnahme), und es kann mit einer von einer anderen Frau stammenden Eizelle gezeugt worden sein, wodurch die genetische Abstammung von der austragenden Mutter nicht gegeben ist (dies ist eine häufigere und gesetzlich gestattete Maßnahme). So gibt es auch verschiedene mögliche Fälle, in denen die Mutter ungewiss ist.

Auf der anderen Seite kann man seit Jeffreys Entdeckung von 1984 einfach und unfehlbar wissen, ob ein Mann der biologische Vater eines Kindes ist oder nicht.[2] Durch DNA-Analyse[3] ist der genetische Test so gut wie hundertprozentig sicher, und wenn ein Richter entscheidet, ihn anzuordnen, gilt das Ergebnis des Untersuchungslabors als gültig.

Im Unterschied zu Frankreich, wo man mit der Gen-Analyse außer in Streitfällen sehr zurückhaltend ist, gilt die Methode in Deutschland und England als akzeptabel, und Streitigkeiten werden schnell mithilfe der Analyseergebnisse bereinigt.[4] Es geht hier nicht um die Frage, wer Recht oder Unrecht hat, da jedes Land auf diesem Gebiet Herr seiner Gesetzgebung ist.

Man sollte heute allerdings nicht übersehen, dass man den Erzeuger eines Kindes bestimmen kann, ohne fürchten zu müssen, dass man sich geirrt hat. Dies hat psychologische Folgen: Kann ein Mann, der nachweislich kaum der Erzeuger eines Kindes sein kann, die Aufgabe des sozialen Vaters in richtiger Weise übernehmen? Kann er von seiner Partnerin und seinem Kind bzw. Kindern als *pater* anerkannt werden?

Ein Mann, der sich als Erzeuger erwiesen hat, kann sich in seiner Fähigkeit, Kinder zu zeugen, bestätigt fühlen; wenn man ihn aber gezwungen hat, zu seiner Vaterschaft zu stehen, ist er dann noch in der Lage, seine Rolle als Erzieher wahrzunehmen? Man begreift, warum sich der Gesetzgeber in Frank-

reich bisher der Versuchung »einer reinen und einfachen Bio-
logisierung der Nachkommenschaft«[5] widersetzt hat und
weiterhin die Erbfolge eher auf der sozialen Vaterschaft gründet als auf der biologischen.

Der gesetzliche Vater

Auch hier stammt das Gesetz, nach dem der Vater bestimmt
wird, aus uralten Zeiten: Das Römische Recht bestimmte
zum Vater den Ehemann der Mutter, und der Code Napoléon
von 1804 schließt sich denen an, die die am wenigsten Wider-
spruch erregende, wenn nicht einfachste Lösung gewählt haben. Unser heutiges Recht sagt nichts anderes, und dass zehn
bis zwölf Prozent nicht in der Lage sind, ihre gesetzliche Vaterschaft auf der biologischen zu gründen, führt kaum zu
Protesten: Manche Männer wissen nicht, dass sie nicht die
Erzeuger ihrer legitimen Kinder sind; andere wissen es, aber
machen daraus keine Affäre und finden sich damit ab, dass
sie ihren Namen und nicht ihre Chromosomen weitergege-
ben haben. Der gesetzliche Vater im Rahmen der durch die
Ehe begründeten Familie ist also der Ehemann der Mutter.
    Dabei ist es eine ganze Weile her, dass die Familie, auf die
sich diese Regeln anwenden lässt, das Lebenszentrum aller
Kinder bildet. In den letzten 30 Jahren ist die Zahl der Eheschließungen zurückgegangen und die nichteheliche Gemeinschaft ist nichts Außergewöhnliches mehr. Zugleich hat die
Anzahl außerehelicher Geburten stark zugenommen. So
musste sich das Familienrecht der Wandlung der Sitten anpassen und eine andere Art, den gesetzlichen Vater zu bestimmen, für die nichtehelichen Familien entwickelt werden. In
Deutschland ist dies durch die Familienrechtsreform von

1998 geschehen. Hierbei wurden die Gleichstellung ehelicher und nichtehelicher Kinder, die Stärkung der Stellung des Kindes und die Stärkung der Rolle des Vaters, etwa durch die Gewährung des vollständigen Sorgerechts, festgelegt.

Anstelle der Ehe entsteht die Erbfolge meistens durch die Anerkennung der Eltern: durch den juristischen Akt der Übernahme des Sorgerechts.[6] »Nichtehelich geborene Kinder von heute habe mit den Bastarden von früher nichts mehr gemein; in den meisten Fällen werden sie von Paaren geboren, die eine Familie gründen wollen.«[7]

Eine andere soziodemographische Entwicklung besteht darin, dass der gesetzliche Vater immer häufiger zu Hause nicht mehr anwesend ist. Die Zahl der Scheidungen nimmt zu und die häufige Zusammenführung von Teilen verschiedener Familien, die darauf folgt, erklärt, dass zahlreiche Kinder durch einen Stiefvater und nicht durch den gesetzlichen Vater erzogen werden.

Das Problem der Nachkommenschaft ist juristisch zu einer schwierigen Frage geworden. Wo die Bürokratie Unterschiede macht, versuchen Psychologen, Kontinuität herzustellen: Ob ein Kind im Rahmen einer Ehe oder außerhalb gezeugt wurde, ob es beim gesetzlichen Vater oder einem Stiefvater (dem neuen Lebensgefährten der Mutter) lebt, ob es von dem Paar gezeugt oder adoptiert wurde, das Wesentliche ist, dass das Kind einen Vater hat, der die Vaterschaft ausübt.

Die Anerkennung des Vaters

Wenn soziale und symbolische Vaterschaft weder auf biologischer noch auf rechtlicher Basis stehen, wer kann dann dem Vater seinen Platz als Elternteil zuerkennen? Im Hinblick auf die symbolische Vaterschaft hat man immer wieder gesagt: Die Mutter schafft durch ihr Denken und Reden die psychische Elternschaft dessen, den das Kind dann als seinen Vater bezeichnet.[8] Diese Auffassung von der Zuweisung der Vaterschaft wird oft als Grundwahrheit herausgestellt. Muss man aber daraus den Schluss ziehen, dass der Vater auf der Basis dieser Logik der mütterlichen Genehmigung zum Vater wird?

Wenn es richtig ist, dass die Mutter »den Vater zum Vater macht«, indem sie ihn zum Mit-Elternteil bestimmt, dann gilt umgekehrt ebenso, dass der Vater »die Mutter zur Mutter macht«, indem er sie Mit-Elternteil sein lässt – sonst bliebe sie ja Mutter ohne Partner. Der Ausdruck stammt von dem Psychoanalytiker Anatrella, einem der seltenen Freud-Schüler, die die Gleichzeitigkeit und Gleichwertigkeit der beiden Formen gegenseitiger Anerkennung betonen.

Ohne die Idee zurückzuweisen, dass die Mutter notwendig der Einführung des Vaters bei ihrem Kind zustimmen muss, reicht diese passive Form der Anerkennung, bei der der Vater zum Gefährten der Mutter gemacht wird, nicht aus. Es fehlt die aktive Form, die durch die Zustimmung und das Engagement des Vaters selbst erfolgt; ich nenne dies das »Ja des Vaters«.

Hierbei geht es weniger um die Frage »dem Vater einen Platz« zu verschaffen, als darum, ob dieser ihn auch ausfüllt, den Platz, der im Kopf und Herzen des Kindes reserviert ist: In vielen Fällen wird dieser Platz vom sozialen Vater eingenommen, in anderen Fällen ist er bedauerlicherweise leer, ganz wie Jeannie, eine der Heldinnen aus *Der dritte Zwilling* von Ken Follet, sagt, sie »bleibe für immer leer«. Sie ist nie von ihrem Vater unterstützt worden und musste es sogar ertragen, von ihm bestohlen zu werden. Wenn man Eltern in ihrer Rolle als Erzieher sieht, muss man zu dem Schluss kom-

men, dass Vater und Mutter hierbei den gleichen Rang einnehmen.

Die Weigerung oder Unmöglichkeit, Vaterschaft zu übernehmen, findet sich öfter bei Vätern als bei Müttern: Der hohe Anteil der Frauen als Familienoberhaupt in allein erziehenden Familien zeigt, dass in diesem Bereich Verantwortung
nicht in gleicher Weise wahrgenommen wird. Es kommt aber
auch vor, dass Mütter die Identität ihres Neugeborenen nicht
preisgeben, sich von ihrem Kind trennen, und es der öffentlichen Fürsorge überlassen: In Frankreich kommen anonyme
Entbindungen etwa bei tausend Frauen im Jahr vor. Meistens
handelt es sich dabei um sehr junge Frauen (jede zweite ist
unter 24), die unverheiratet sind (vier von fünf) und ohne eigene Mittel (drei von vieren), doch ist Frankreich eines der
wenigen Länder in Europa, in denen dies möglich ist. In einem Berliner Krankenhaus gibt es seit 2000 die Möglichkeit,
ein anonym geborenes Baby in der so genannten »Kinder-
klappe« abzugeben. Es wird entgegengenommen, ohne dass
die Mutter sich zu erkennen geben muss.[9] Hierbei wird, um
das Leben ungewollter Kinder zu retten, das Prinzip des Verbots anonymer Geburten nicht beachtet. Manchmal kommt
es auch wie bei Vätern vor, dass Mütter sich im Lauf der Monate oder Jahre nach der Geburt ihrer Pflichten entledigen
oder sie nur mangelhaft erfüllen.

Jeder weiß im Übrigen sehr wohl, dass außerhalb der offiziellen Anerkennung der Elternschaft Mann oder Frau nur
dadurch den Namen Eltern verdienen, wenn sie das Kind zu
sich nehmen und es schützen und versorgen, wie es das für
seine Entwicklung braucht, und sich Tag für Tag um seine Erziehung kümmern. Auf diesem Gebiet haben Mütter und Väter dieselben Rechte und Pflichten: Jeder kann sich Vater oder
Mutter nennen und darin bewähren. Vater und Mutter zu

sein entspricht konkretem Handeln, das, zu einem Teil zumindest, Liebeshandlungen darstellt. Alles andere ist pure Fantasie.

Was dem Vater zugewiesen wird: Prinzipien und Wirklichkeit

Auch wenn manche davon sprechen, dass das Bild des Vaters und seine soziale Stellung gelitten haben[10], so steht doch fest, dass wir in den letzten Jahrzehnten aus einer Welt, in der die Väter herrschten, in eine andere gelangt sind, in der die Autorität der Eltern das Sagen hat, dass aus einem autoritären Vaterregime die Autorität zweier Eltern entstanden ist. Im Prinzip geht es hier um eine tiefe Wandlung, denn die Macht des Vaters war eine »monopolistisch unbegrenzte Herrschaft des Vaters über die Person des Kindes«, während die Autorität der Eltern »geteilte Macht zum Schutz des Kindes ist«.[11]

In Folge dieser als historisch angesehenen Veränderung haben weitere Gesetze den egalitären Charakter der Elternpflichten und das Interesse des Kindes noch mehr betont: Das gemeinsame Sorgerecht gilt ebenso für die Familie wie für nicht verheiratete Eltern und Kinder. Dieser Wille des Gesetzgebers kommt deutlich in den beiden wichtigsten Texten zum Ausdruck, die die Rechte und Pflichten der Eltern bei Trennungen beschreiben.

Hält das gemeinsame Sorgerecht der juristischen Praxis stand, und hat die Familienrechtsreform nach 1998 das Schicksal der Väter nach Trennungen entscheidend verändert? Diese Frage ist nicht unwichtig, denn in den letzten Jahrzehnten ist die Zahl der Scheidungen stark gestiegen (fast jede dritte Ehe wird vor Ablauf von 15 Ehejahren geschieden). 55 Prozent der in Deutschland geschiedenen Ehen hatten gemeinsame minderjährige Kinder, als die Scheidung vollzogen wurde. Nach Trennungen oder Scheidungen bleibt die elterliche Verantwortung von Vätern und Müttern bestehen. Eine gerichtliche Entscheidung erfolgt nur noch, wenn ein Elternteil dies beantragt. Bleibt die gemeinsame Sorge bestehen, soll dem betreuenden Elternteil in allen Fragen des täglichen Lebens eine Alleinentscheidungsbefugnis gegeben werden. Gemeinsam sind dann beide Eltern nur noch bei Entscheidungen von grundsätzlicher Bedeutung zuständig.[12]

Die Anwendung der neuen Prinzipien spiegelt keine radikale Wandlung wider. Betrachtet man aus der Nähe, welche Wohnung sich Kinder nach der Scheidung ausgesucht haben, muss man schließen, dass »traditionelle Schemata vorherrschen«.[13] In den meisten Fällen bleiben die Kinder nach der Trennung oder Scheidung bei der Mutter.

Auch die Beziehungen der Kinder zu dem Elternteil, bei dem sie nicht wohnen, haben sich kaum verbessert: Die meisten Entscheidungen sehen ein Besuchsrecht und Wohnrecht vor, und wenn es keine Vereinbarungen gibt, ein Treffen jedes zweite Wochenende und in der Hälfte der Schulferien.

Wie der Vater gegenwärtig ist

In traditioneller Sicht ordnet man der Funktion des Vaters Entwicklungsphasen der Libido des Kindes zu, besonders die kritische ödipale Phase. Die ödipale Situation wird von Freud als »Knoten des Schicksals des Menschen und seiner mentalen Entwicklung«[14] angesehen. Das »orale« und das »anale

Stadium« sind auf die Mutter ausgerichtet[15]; das dritte Stadium, das der genital-infantilen Entwicklung, wird durch die
Feststellung der Differenz der Geschlechter bestimmt.[16]

Das entscheidende Moment dieser in zwei Phasen verlau-
fenden Entwicklung ist der Übergang von der initialen Zweierbeziehung (präödipal) zur Dreierbeziehung (ödipal), die
Zeit, in deren Verlauf die dritte Person ins Spiel kommt, die
»verhindern soll, dass man sich im Kreis dreht«. In der Zeit
von drei bis zu fünf Jahren entwickelt sich der berühmte Ödi-
puskomplex.[17] Ein Komplex, den man normalerweise auf
folgende Form reduziert: Todeswunsch für den Elternteil desselben Geschlechts, sexuelles Verlangen nach dem gegenge-
schlechtlichen. Im Zusammenhang mit dem Ende des Ödi-
puskomplexes bilden sich das »Überich« und das »Ich-Ideal«,
von dem wir schon gesprochen haben: »Der Vater untersagt
den Inzest und vertritt dabei die Verbote des Überichs und
die Idealisierungen des Ich-Ideals.«[18]

Diese recht schematische Zusammenfassung soll als Mittel
verstanden werden, die radikale Diskontinuität zwischen den
Phasen der libidinösen Entwicklung des Kindes hervorzuhe-
ben, und betont die radikale Diskontinuität der verschiedenen Modalitäten der jeweiligen »Funktion« des Vaters. Es
handelt sich um eines der Grundprinzipien der psychoanalytischen Theorie von der Vaterschaft.

Ein Standpunkt, dem nicht widersprochen werden soll,
und als Entwicklungspsychologe kann ich mich sogar der
Idee anschließen, dass »die ödipale Konstellation für das Leben des Menschen entscheidend ist«[19] und der Vater in der
Lage sein muss, den entsprechenden Konflikt mit seinen Kindern (besonders in der Pubertätskrise) zu meistern. Außerhalb des Bezugsrahmens der Psychoanalyse vollzieht sich die
Vaterfunktion in vielfacher Form (abhängig vom Alter des

Kindes), aber auch in einer einheitlichen Richtung und einer spezifischen Weise, die die ganze frühe Kindheit und Vorschulzeit andauert. Um diese Spezifizität und Kontinuität zu veranschaulichen, kann man das Bild vom Abschuss einer Rakete ins All verwenden: In einer ersten Zeit reißt der Vater die Rakete vom Boden los und selbst wenn es in der ersten Umlaufbahn des Gefährts verschiedene Beschleunigungsphasen und selbst Richtungsänderungen gibt, ist es immer dieselbe Kraft des Herausreißens und Vorantreibens, die alles in Bewegung bringt. Mit dem Unterschied, dass mit dem Kind nicht nur etwas geschieht, sondern dass es von Anfang an mitwirkt.[20]

Der Vater nimmt die Entwicklung des Kindes voraus

Außer der ursprünglichen Bedeutung der Unterschiede im Geschlecht der Eltern ist die erste Phase der Entwicklung des Kindes besonders durch die Neigung des Vaters bestimmt, die Ontogenese seines Kindes vorwegzunehmen: Diese Tendenz zeigt sich schon im Lauf des ersten Lebensjahrs des Babys und nicht nur in Situationen, die seine Fähigkeit, die Umgebung zu beherrschen, erproben (es im Sitzen halten oder hinstellen, es über dem Kopf in die Luft halten und spielend durch den Raum schweben lassen).

Man hat festgestellt, dass diese Neigung auch in Gesprächssituationen vorkommt. Die Art von Müttern und Vätern, Kinder anzusprechen, weichen voneinander ab, und Väter betrachten Babys eher als eigenständige Personen als die Mütter.[21] Diese Feststellung stützt sich auf die Beobachtung von Interaktionen in der Krippe, wenn am Ende des Tages die Eltern ihre Kinder abholen. So wurde deutlich, dass:

– bei Babys von drei Monaten die Väter dreimal öfter als die
  Mütter den Vornamen des Kindes verwandten, wobei der
  Rückgriff auf diese Form der Benennung ein Mittel zu sein
  scheint, das Kind zum Subjekt zu machen, ihm Identität
  zu geben (vor allem, wenn es sich um Jungen handelt);
– bei Babys von neun Monaten Väter mehr als Mütter Wert
  auf das selbstständige Verhalten des Kindes legten (vor allem bei Vater-Sohn-Duos).

Der Vater gibt sich herausfordernd und regt Grenzüberschreitungen an

Ein anderes wichtiges Merkmal ist die Neigung der Väter, das
Kind bei seinen Unternehmungen zu ermutigen und noch
mehr, es herauszufordern. Schon zwischen einem und zwei
Jahren zeigt sich die anregende Art des Vaters bereits auf verschiedene Weise. Zu den bereits gegebenen Beispielen der
viele Aspekte berücksichtigenden Untersuchung der Entwicklung des kleinen Kindes (Sozialisation, Sprache, Intelligenz,
Empfindungen), kann man zwei neue Illustrationen hinzufügen, die besonders bemerkenswert scheinen.

Bei Beobachtungen von einjährigen Babys, die zum Baby-
schwimmen kamen, zeigte sich, dass Erkundungen der Umwelt und Bekundungen der Selbstbestätigung stärker mit
dem anregenden Verhalten des Vaters als mit dem der Mutter
zusammenhingen. Selbst wenn beide Eltern sich nicht deutlich durch die Häufigkeit ihrer Anregungen unterscheiden,
scheinen die Kinder empfänglicher für die von den Vätern
gegebenen Anregungen als für die der Mutter.[22]

Dieselbe dynamisierende Haltung der Väter wurde in einem Bericht über 16 Monate alte Kinder dargelegt. In Spielen
mit ungewohnten Gegenständen (Chips aus Kunststoff, Un-

tertassen, chinesischen Stäbchen, würfelförmigen Schwämmen) konnte festgestellt werden, dass die Väter mehr als die Mütter Spaß daran hatten, die Erwartungen der Babys zu stören und sie zu necken. Durch solche »destabilisierenden« Momente ermutigten sie die Kinder, neue Lösungen zu entdecken, Verwirrungen, die zu Hindernissen führten oder keinen Sinn ergaben, zu überwinden.[23]

Liest man diese Forschungsberichte, kann man nicht umhin, sich den Vorschlägen der Erben der Psychoanalytikerin Margaret Mahler, der Theoretikerin des Prozesses von »Trennung und Individuation«, anzunähern.[24] Mehrere Forscher haben die Tatsache betont, dass der männliche Elternteil ein wichtiger Anhaltspunkt bei der Identifikation ist, die bereits im zweiten Lebensjahr begonnen hat (etwa mit 15 Monaten), und dass der Vater, lange bevor er in der ödipalen Phase zum »Rivalen« wird, schon als Vater-Vorbild aufgebaut wurde. Der Vater ist also nicht nur derjenige, der das andere Geschlecht inkarniert, sondern auch der, in dem der Junge das geschlechtliche Vorbild findet, das ist wie er (Bestätigung), und das Mädchen das geschlechtliche Vorbild, das nicht ist wie es selbst (Entdeckung).

Der Vater als Gegner (im Spiel) und als Schiedsrichter

Ein drittes Merkmal muss mit der Neigung des Vaters, das Kind zu Erfahrungen mit anderen Personen und der es umgebenden Kultur anzuregen, in Zusammenhang gebracht werden (ein Einfluss, der bereits in Kapitel III analysiert wurde). Mit dem Fortschritt in der Entwicklung und besonders mit den Eroberungen im Bereich der Bewegung (Erwerb des Gehens, später des Laufens) und der Sprache, etwa jenseits von anderthalb bis zwei Jahren, spielt der Vater eine Rolle, in der er auf ganz bestimmte Weise den Weg ebnet.[25]

Es scheint ganz und gar wesentlich, dass der Vater da ist, um Kinder beiderlei Geschlechts aufzufordern (die Rollen, die unsere Zivilisation vorgibt, bewirken, dass die Regeln stärker auf Jungen angewandt werden), sich in Wettkampfspielen im Allgemeinen und besonders bei körperbetonten Begegnungen zu üben. Diese sind eine Vorbereitung auf die Bewegungsspiele, die im Kindergarten so eine wichtige Rolle spielen. Diese Hinführung zu Regeln folgenden Spielen trägt dazu bei, dass das Kind für seine Entwicklung entscheidende Fähigkeiten erwirbt: Sinn für Gesetze; Respekt vor dem, der es dazu anhält, sie zu befolgen (in der Schule oder außerhalb); Sinn für Mannschaften, Vorläufer des Sinns für Solidarität und Fairplay, d.h. Loyalität im Bezug auf den Gegner.[26]

Besonderheit und Dauer der Vaterfunktion

Wenn die Vorschulphase vorbei ist (die Phase des von den Psychoanalytikern so geschätzten ödipalen Konflikts), folgt die lange Periode der Schulzeit (die sog. Latenzphase), die gekennzeichnet ist durch eine Ausweitung des Interesses für andere Betätigungen, andere Partner, andere Institutionen; durch eine intensivere Initiierung zum sozialen und kulturellen Leben, besonders durch eine gesteigerte Fokussierung auf intellektuelle Errungenschaften und Erwerb von sportlichen und künstlerischen Fähigkeiten.

Im Lauf dieser Zeit bleiben die Eltern unerlässlich als Identifikationsfiguren, sorgen – sieht man es traditionell – für das wirtschaftliche Wohl, für Sicherheit im Bereich der Gefühle, dienen als soziales Sprungbrett, geben Rat und kontrollieren. In dieser Hinsicht scheint die primäre Funktion des Vaters bestätigt, präzisiert und vertieft, aber sie ändert sich nicht grundlegend: Seit der Geburt seines(r) Kindes(r) muss der Vater sich als Mit-Elternteil und außerdem als anders als die Mutter wahrnehmen und wahrnehmen lassen.

Es ist an der Zeit, sich von dem allzu einfachen Schema zu verabschieden, das die Vorstellung von zwei Phasen der Kindheit inspirierte, an der sich die erzieherischen und therapeutischen Konzepte der Zeit von 1950 bis 1970 orientierten. Sagen wir es erneut, es gibt kein »Alter für die Mutter«, in dem das Kind nur Zuwendung braucht, und kein »Alter für den Vater«, in dem es vor allem Autorität nötig hätte (zweite Kindheit und Jugend). Von Anfang an und die ganze Kindheit hindurch müssen Vater und Mutter da sein und sich engagieren, jeder auf seine Weise, als echte Ko-Akteure beim psychoaffektiven Aufbau und bei der Entwicklung ihres Kindes.

Am Ende dieses Kapitels wird jeder verstanden haben, was der Ausdruck »konkreter Vater« bedeutet. So nennt man den, der im Rahmen der Familie (mit verheirateten Eltern oder in anderen Familienstrukturen) bereit ist, als Vater »anerkannt« zu werden und das Kind »anzuerkennen«, der sich in der Vaterschaft als Erzieher engagiert und die Pflichten auf sich nimmt, die zu seiner Funktion gehören, Schutz zu geben und das Kind in allen seinen Aktivitäten anzuregen; der an der Seite der Mutter und von Anfang an beschlossen hat, seinen wahren Platz zu besetzen, den Platz des männlichen Elternteils.

KAPITEL 9

DIE KRISE DER VATERSCHAFT

Wir sind fast am Ende unserer Untersuchung angekommen, doch möchte ich noch auf das Problem der Krise der Vaterschaft, von der im ersten Kapitel die Rede war, zurückkommen. Nicht nur, um nach Möglichkeiten zu fragen, mit der neuen Situation fehlender Väter umzugehen, sondern auch, um zu erörtern, wie man mit »falscher Präsenz« umgehen soll; anders gesagt, mit weniger spektakulärer Abwesenheit, die sich im Lauf der ersten Monate auf das normale Seelenleben des Kindes auswirkt und in geringerem Maß auch in den ersten Jahren.

Wenn man, wie wir es von Anfang an getan haben, einräumt, dass etwas geschehen muss, damit wir aus der Krise der Elternschaft – genauer gesagt des Vaterseins – herauskommen, müssen wir jetzt konkret werden. Denn natürlich stellt sich die Frage, wie wir diese Krise am besten überwinden können.

Nach langfristigen Lösungen suchen

Beginnen wir damit, uns an die beiden Strategien zu erinnern, die nicht zum Erfolg geführt haben: den Leuten Angst machen und sie ständig auf die Vaterschaft verweisen, oder sie glauben machen, dass das Heil allein im Rückgriff auf die symbolische Funktion des Vaters liegt.

Alarm schlagen: ein Schlag ins Wasser

Es war nicht ohne Nutzen, Leuten dafür die Augen zu öffnen, dass die Vaterschaft in einer schweren Krise steckt. Nacheinander haben sich Historiker, Soziologen, Juristen, Psychologen, Therapeuten und auch Ärzte damit beschäftigt und fachkundig die Symptome des berühmten »Verschwindens« des Vaters untersucht und manchmal Auswege gewiesen.

Manche Warnungen trafen ins Schwarze, doch ist inzwischen angesichts der zahlreichen Versuche, die Bevölkerung und die öffentlichen Institutionen für das Problem zu interessieren, ein differenzierteres Urteil notwendig.

Im großen Ganzen haben sich die Reaktionen seit den achtziger Jahren, die sich in den Untersuchungsberichten und für Reformen plädierenden Essays niederschlugen, als wenig hilfreich erwiesen. Die Analysen sind im Allgemeinen gut, doch bleiben die Ergebnisse allzu oft im Stadium der Entrüstung, des Protests oder der Beschwörung stecken. Und im Rahmen von feministisch orientierten Arbeiten hat man manchmal sogar den Eindruck, als werde das Verschwinden der Väter als eine Art Sieg verstanden, errungen durch die Frauen, nachdem diese Jahrhunderte »männlicher Herrschaft« über sich ergehen lassen mussten. Als biete die Flucht oder Vertreibung der Väter endlich die Gelegenheit, Rache zu nehmen und verspreche mehr Gleichheit unter den Geschlechtern. Aber was hätten die Frauen eigentlich davon, wenn es keine Väter mehr gäbe?

Veröffentlichungen, die Katastrophenszenarios zeichneten, haben oft zur Demütigung und Culpabilisierung der Väter geführt. Man kann nicht erwarten, dass durch anklagende Slogans Männer mobilisiert werden und mehr Verantwortung übernehmen. Alle die in Fernsehsendungen, Artikeln und Büchern das Scheitern, die Irrwege, oder den Untergang der Väter anprangerten, trugen kaum dazu bei, die Situation zu verbessern.[1] Eine seltsame Art, Unbehagen zu zerstreuen.

Der Appell an die symbolische Funktion: ein Ausweg, der zur Sackgasse wird

Es heißt zu Recht, dass die Gegenwart des Vaters beim Kind keine Garantie für eine wirksame Erziehung ist und dass umgekehrt, wenn der (biologische) Vater nicht vorhanden ist, die Vaterfunktion erfüllt werden kann, vorausgesetzt, sie wird ausgeübt. Seit den fünfziger Jahren lenken Psychiater, Psychoanalytiker und Psychologen die Aufmerksamkeit auf die schädlichen Auswirkungen fehlender Autorität und des fehlenden Vaters, um deutlich zu machen, dass sich der Beitrag des Vaters in erster Linie und vor allem durch eine nicht sichtbare Beziehung vollzieht.

In einem frühen Stadium war es nützlich, diesen Unterschied zu machen. In manchen, mehr oder weniger dramatischen Fällen – verwitwete Mütter, allein gelassene Mütter, geschiedene Mütter – ist es immer noch wünschenswert, dass dem »Gesetz des Vaters« genügt wird, und zwar durch den (oder die), der (oder die) in gewisser Weise die Stelle des Verschwundenen oder Abwesenden einnimmt. An diesem Punkt kann man sich nur der These verschiedener bereits genannter Analytiker anschließen. Andererseits muss man aufpassen, dass nicht alle Formen mangelnder Gegenwart, alle Formen

von fehlender Erziehung hingenommen oder unter Berufung
auf solche Vorstellungen geradezu entschuldigt werden.
Manchmal dient die Bewahrung der symbolischen Funktion
eher dazu, denen ein »gutes Gewissen« zu verschaffen, die
wegen Ehemüdigkeit, Lust auf Veränderung, Neuorientierung
im Sexualleben und anderer Veränderungen in ihrem Leben
so weit gehen, jegliche konkrete Gegenwart bei ihrem Kind
aufzugeben.

Öffnungen für die Zukunft

Wenn man wirklich aus der Verweigerung und dem Fatalis-
mus herauskommen will, muss man Strategien ins Augen fassen, die zwar keine Wundermittel darstellen, die aber dazu
beitragen, dass die psychische und soziale Situation besser
wird. Sich mit der Abwesenheit der Väter auseinander setzen,
ihre Gegenwart aufwerten und befürworten: Das müssten die
zentralen Begriffe einer realistischen, konstruktiven Familienpolitik sein, die auch zum Aufbau und der Aufrechterhaltung
der Beziehung zwischen Vater und Kind beitragen kann.

Den fehlenden Vater ersetzen

Die Folgen ausmachen und abschätzen

Zunächst muss man ermessen, wie prekär die Vater-Kind-Beziehung ist, ohne gleichzeitig zu versuchen, ihre Bedeutung
herunterzuspielen oder zu dramatisieren. Und man sollte
durchaus zugeben, dass manche Veränderungen der Moral,
manche Arten, Familien aufzubauen und darin zu leben,
oder manche Formen von Trennungen zu Problemen führen.

– Es gibt allein erziehende Mütter, die darunter leiden, dass kein Vater da ist, und in denen das Kind Mühe hat, einen Anhaltspunkt für die Entwicklung seiner Identität zu finden oder, einfacher gesagt, die Zuwendung und Autorität eines Mannes, der die Funktion des väterlichen Typs ausübt.

– Es gibt Fälle von nach Trennungen neu zusammengesetzten Familien, in denen das Kind mühsam nach einem Platz zwischen seiner Mutter und seinem Stiefvater sucht, zwischen seinem Vater, den es nicht mehr sieht (oder nur selten), und seinem Stiefvater, den es mehr oder weniger gern akzeptiert neben seinen Fast- oder Halbgeschwistern.

– Es gibt Familien mit gleichgeschlechtlichen Eltern, bei denen das Fehlen des Dritten (eines Elternteils vom anderen Geschlecht) bestimmte schwierige Entwicklungsphasen (ödipale Phase, Pubertät) zusätzlich erschwert oder gefährdet, und in denen es das Kind »das nicht ist wie die anderen«, nicht leicht hat.

– Es gibt auch Fälle, in denen der Vater in finanzieller Not ist (Arbeitslosigkeit) und deshalb kein genügend starkes Identifikationsmodell abgeben kann und es nicht schafft, genügend Geld zu verdienen, um seiner Verantwortung als Ernährer und Erzieher nachzukommen.

– Außer diesen Situationen, die immer häufiger vorkommen und die nicht zur Stabilisierung beitragen, gibt es noch weitere, in denen der Vater zwar präsent ist, aber scheitert und nicht das richtige Verhalten an den Tag legt. Solche Situationen sind nicht neu, es gibt sie in allen sozialen Schichten und sie können mit moralischer Laxheit, Vernachlässigung oder Gewalttätigkeit einhergehen.

Alle Betroffenen verstehen und ihnen helfen

Hierbei geht es besonders um Psychologen und Sozialarbeiter, die sich um Kinder kümmern, die durch das Fehlen des Vaters traumatisiert sind und ihre Stabilität verloren haben. Ohne Werturteile abzugeben, müssen sie die Opfer familiärer Misstände und alle, die nach Trennungen, Übergangszeiten und Neubildung von Familien Hilfe brauchen, verstehen, ihnen Sicherheit geben und sie auf den richtigen Weg bringen.

Hilferufe kommen manchmal von den Vätern selbst. Viele, die selbst eine Trennung ausgelöst haben oder Opfer einer Trennung geworden sind, sind danach hilflos. Auch gütliche Trennungen garantieren nicht unbedingt seelisches Wohlergehen, und viele geschiedene Väter haben uns berichtet, wie sehr sie unter der Entfernung oder Unerreichbarkeit ihrer Kinder leiden.

Was Mütter erzählen, geht oft in dieselbe Richtung, vor allem, wenn durch Geldknappheit verheerende Wirkungen entstehen. Viele sagen, es falle ihnen schwer, allein zu sein und den richtigen Abstand zu ihren Kindern zu finden. Doch haben es in der Zeit von Spannungen und Trennungen immer noch die Kinder am meisten nötig, dass man ihnen zuhört und hilft. Für alle Kinder stellt die Trennung eines Elternpaars eine harte Probe dar, zumal das Verlustgefühl oft noch von Schuldgefühlen begleitet wird. Die Beziehung zum Elternteil zu bewahren, bei dem sie bleiben, und – noch mehr – den Kontakt mit dem anderen Elternteil aufrechtzuerhalten bedeutet eine große psychische Leistung, die Kinder allein nur schwer erbringen können. Es muss Einrichtungen zur Unterstützung von Kindern geben (Netzwerke, die mit Schulen zusammenarbeiten, ärztlich-pädagogische Zentren etc.), die aufmerksam und tatkräftig bei präventiven Maßnahmen mitwirken und den Kindern bei ihren Schwierigkeiten helfen. Wenn der eheliche Konflikt auf eine Scheidung hinausläuft, sind Väter, Mütter und Kinder gleichermaßen betroffen.

Abgesehen von den diversen Schwierigkeiten der Scheidungsverfahren besteht immer das Problem der Trennung des Paares und der gleichzeitigen Aufrechterhaltung der Beziehungen zwischen den beiden Eltern und dem Kind.

Seit einigen Jahren betrachtet man die Mediation als einen möglichen Weg, die Situation zu erleichtern.[2] Das Prinzip hierbei ist, dass Paare, die der Scheidung zustimmen, miteinander reden und ihren Konflikt im Beisein eines Dritten, der weder Richter noch Therapeut ist, glätten. Solche Beratungen führen manchmal sogar dazu, das gemeinsame Leben weiterzuführen, aber in allen anderen Fällen bringen sie immerhin Zeit zum Nachdenken mit sich, zur Auseinandersetzung, zur Anerkennung des Stellenwerts, den ein jeder in diesem Geschehen hat. Für Kinder ist es nicht unwichtig zu wissen, dass ihre Eltern bereit sind, gemeinsam auf eine Zeit ihres Lebens zurückzublicken, dass sie bereit sind, die Modalitäten der Trennung so gut zu regeln wie möglich und vor allem beide auch nach der Trennung Eltern bleiben.

In einem weiteren Rahmen müssen öffentliche Einrichtungen ihre Arbeit verstärken und gezielter einsetzen. Ihre Aktivitäten sollten sich zuallererst an allein erziehende Eltern richten, deren Familie finanziell unterstützt werden muss.

Natürlich genügt es nicht, mit Geldzuwendungen zu unterstützen (Erziehungsbeihilfe, Gelder für den allein stehenden Elternteil, Zuwendungen bei Beginn eines neuen Schuljahrs); man muss auch mehr für Information, Hilfe bei der Erziehung, Beratung tun: »Schulen« für Eltern, Frauenhäuser fördern, soziale Zentren einrichten, dies alles ist schon seit Jahren wegweisend. Dass man hier noch mehr unternimmt, ist eine

Frage von sozialer Weitsichtigkeit, des politischen Willens und nicht nur eine Frage der Ausgabe von öffentlichen Geldern.

Die Gegenwart des Vaters aufwerten und sich für sie einsetzen

Über Klagen, Entrüstung und Verzweiflung hinaus muss man Wege aus der Krise herausfinden, Neues aufbauen, Perspektiven bieten, ehrgeizige Lösungen vorschlagen; sich nicht damit zufrieden geben, Risse zu kitten, sondern handeln, bevor die Beziehung von Vater und Kind in die Brüche geht.

In dieser Hinsicht wäre es gut, weniger spezifisch, weniger technisch vorzugehen, sondern etwas Tiefgreifendes, Beständiges zu tun. Die Entwicklung des Bürgersinns kann schon im Kindergarten beginnen und alle Formen von Gemeinschaftsleben beeinflussen. In diesem Rahmen sollte eine Einführung in die Aufgaben von Eltern stattfinden, nicht wie eine Berufsvorbereitung (selbst wenn auch hier bestimmte Fertigkeiten erlernt werden müssen), sondern als Vorbereitung auf einen sozialen Status, auf eine Aufgabe, die eine bestimmte Würde hat.

Dies ist eine Arbeit, bei der man einen langen Atem braucht, man sieht nichts von ihr, die öffentlichen Stellen erkennen sie kaum an, aber es ist eine notwendige Arbeit, für die jeder Erzieher ausgebildet und ermutigt werden muss.

Die Wichtigkeit des familiären Trios in allen Lebensaltern erklären

In der westlichen industrialisierten Welt ist das soziologische und psychologische Modell der Dreiecks-Familie – Vater, Mutter und Kinder – eine Art Norm. Ohne die Moraltrom-

mel zu rühren und andere zu stigmatisieren, lässt sich wohl
verständlich machen, dass bestimmte Formen der Elternschaft mehr oder weniger schwer zu leben sind und dass bis
zum Beweis des Gegenteils die Dreier-Konstellation – entweder die ursprüngliche oder eine andere – dem Kind die besten
Entfaltungsmöglichkeiten bietet und es so bessere Chancen
hat, das Grundprinzip vom Unterschied der Geschlechter
und Generationen richtig umzusetzen. Dass es immer mehr
allein erziehende Familien oder gleichgeschlechtliche Eltern
gibt, heißt nicht, dass man sie als eine Möglichkeit Eltern zu
sein wie die andere betrachten kann. Man gründet nicht eine
Familie, wie man ein Auto kauft. Man kann auch nicht behaupten, dass für das seelische Gleichgewicht eines Kindes
alle Möglichkeiten familiärer Zusammensetzung gleich gut
sind (wobei man sagen muss, dass untypische Familien
manchmal ebenso gut oder sogar besser funktionieren als solche, die scheinbar dem Basismodell entsprechen). Im Rahmen der Erziehung zum verantwortlichen Bürger müsste es
Informationsveranstaltungen, Gespräche und Debatten geben
über Themen wie Sexualität, Ehepaar und Elternpaar, Struktur und Dynamik der Familie, die Grundbedürfnisse des Kindes und Jugendlichen. Dies könnte in der Schule stattfinden,
dem Ort, an dem alle Kinder Informationen erhalten können, wo man ihnen zuhören und sie beraten kann (Ärzte und
Schulpsychologen sollten dazu eingesetzt werden).

*Eine Familienpolitik betreiben, die eine bessere Verteilung
begünstigt*

Familienpolitik muss den Bedürftigsten mehr materielle und
moralische Hilfe geben als anderen, muss es aber auch Vätern
entschlossener ermöglichen, bei ihren Kindern präsenter sein

zu können, und die Mütter bei der Versorgung und Erziehung besser entlasten. Wenn man die Arbeitszeit liberalisiert, kann die 35-Stunden-Woche für alle einen deutlichen Fortschritt bringen.

Eine Wirtschafts- und Sozialpolitik auf den Weg bringen, bei der Eltern gemeinsam Eltern sein können

Die Gegenwart des Vaters zu fördern ist ein Ziel, das bei der Familienpolitik ihren Ausgang nimmt, aber auch das Arbeits-, Bildungs- und Gesundheitsministerium betrifft. Väter sind schließlich Arbeiter, Schülereltern, Sozialversicherte. Die Erziehung zur Elternschaft ist etwas, das alle angeht, angefangen bei denen, die in Unternehmen, dem Öffentlichen Dienst, Gewerkschaften und anderen Einrichtungen das Sagen haben.

Die Aufwertung der Gegenwart des Vaters hat, wie deutlich geworden sein muss, nicht viel mit den Versuchen zu tun, die väterliche Macht wiederherzustellen, die manche Ärzte unternehmen, weil sie der Auffassung sind, die Funktion des Vaters bestehe allein darin, »nein« zu sagen, oder manche Konservative jeglicher Richtung (politisch, moralisch oder religiös motiviert), die die Rückkehr der traditionellen Familienwerte fordern und besonders die althergebrachte väterliche Autorität. Echte Autorität geht nicht allein von der Macht aus, zu verbieten und zu bestrafen, sondern eher von dem Willen, die Entwicklung des Kindes zu unterstützen, ihm Wege zu ebnen, seine Persönlichkeit zu entfalten, es ihm zu ermöglichen, mit Bedacht seine Wahl zu treffen, und es dazu anzuhalten, Verantwortung zu übernehmen (ohne Konflikte zu vermeiden). Sinn für Disziplin und das Gemeinwohl zu wecken muss nicht bedeuten, dass man dauernde Kontrolle ausübt, und muss sich nicht auf die Anwendung des Slogans »Überwachen und bestrafen« beschränken.[3]

Der Platz des Vaters während der frühen Kindheit

Wenn der Vater, wie wir zu zeigen versucht haben, auf alle Aspekte der Persönlichkeit des Kindes einen positiven Einfluss haben kann und nicht nur den Aufbau der geschlechtlichen Identität und die Grundlagen für das ethische Empfinden des Kindes bestimmt, kann man sich nicht mehr damit zufrieden geben, nur aufzuklären, neutrale Erziehungsratschläge zu erteilen oder im gegebenen Fall Therapien zu entwickeln, die allein der Mutter und »Mutterfiguren« eine Rolle zugestehen. Die Politik, nach der die Mutter alles ist, muss aufgegeben werden: Schon in der frühen Kindheit (bis zu drei Jahren) und der Vorschulzeit (von drei bis sechs Jahren) muss der Vater einen Platz finden, seinen Platz.

Wie aber soll man dieses Prinzip umsetzen, wenn man auch zu Beginn des neuen Jahrhunderts weiß, dass unsere Familien zumeist noch dem traditionellen Muster der Elternfunktionen entsprechen und die verschiedenen Einrichtungen außerhalb der Familie (Kitas, Kindergärten, Vorschulen, Beratungsstellen) immer noch im Sinn der Vorstellung mütterlicher Dominanz geleitet werden?

Diese Problematik ist nicht nur hinsichtlich psychologischer Fragestellungen relevant, sondern betrifft alle Verantwortlichen in Wirtschaft und Politik, in Gewerkschaften und Rechtsinstitutionen, in pädagogischen und religiösen Einrichtungen. Man kann dieser Frage also nicht nur mit den

Mitteln meines Fachs begegnen. Was allerdings kein Grund ist, auf den Versuch einer Antwort zu verzichten, und auch hier über Wege zur Veränderung nachzudenken.

Innerhalb der Familie

Das typische Familienleben vollzieht sich noch immer nach dem Prinzip der Zweiteilung elterlicher Rollen. Wenn die Mutter nicht außer Haus arbeitet, dann kümmert sie sich meistens um die Versorgung der Kinder, aber selbst dann, wenn sie einer Beschäftigung nachgeht, wie es immer häufiger vorkommt, erledigt sie einen Großteil der Erziehungsarbeit. Das Problem spitzt sich bei Alleinerziehenden oder nach frühen Trennungen der Eltern noch zu. Dann kommt die Mutter oft allein für die gesamte Versorgung der Kinder auf.

Weltweit hat die Entwicklung der letzten Jahrzehnte die Gewohnheiten kaum spürbar verändert. Man muss jedoch näher hinschauen, um festzustellen, wie es konkret aussieht, und einige Bedingungen nennen, durch die entscheidende Fortschritte erzielt werden könnten. Ziele, die in eine solche Richtung weisen, können nur erreicht werden, wenn man sich bewusst ist, in welchen Bereichen des Familienlebens der Vater Einfluss auf sein(e) Kind(er) nehmen kann. Es sind Bereiche, die außerhalb der Berufsarbeit liegen (was nicht unbedingt heißen muss, dass sie in keinerlei Bedeutungszusammenhang mit ihr stehen). Wir können vier unterscheiden: die eigentliche Hausarbeit; die Versorgung (_caregiving_), dem Kind Anregungen zu geben und sich an der Früherziehung beteiligen, die Freizeit.

Die Hausarbeit: Väter sollten sich bessern

Männer im Allgemeinen und Väter im Besonderen kümmern sich nur wenig darum. Direkt mit den Kindern hat sie nichts zu tun.

Wenn sie sich jedoch daran beteiligen, könnten Väter dadurch mehr Zeit mit den Kindern verbringen, andererseits ihre Gefährtin entlasten, ihr etwas Zeit für sich selbst geben und auch sie in die Lage versetzen, mit dem Kind zu spielen.

Die Versorgung: Fortschritte,
die unterstützt werden müssen

Vermutlich weil sie als etwas Besseres gilt und einen echten Austausch mit dem Kind ermöglicht, wird die Versorgung der Kinder häufiger zwischen den beiden Partnern geteilt. Es hat nichts Schockierendes mehr, wenn Väter die Flasche geben oder das Kind baden, wickeln, wiegen. Doch nur wenige übernehmen alle diese Aufgaben auf Dauer.

Natürlich kann man die Väter nur ermuntern, diese Rolle mehr zu übernehmen, selbst wenn sie am Anfang die Angst überwinden müssen, sich nicht auszukennen oder dem Baby wehzutun.

Alles, was mit der Pflege und Versorgung zu tun hat, bietet dem Vater Gelegenheit, sein Kind besser kennen zu lernen, sich mit ihm auszutauschen und auch seine Partnerin zu entlasten. Nur ein paar konservative oder frauenfeindliche Ärzte beharren darauf, eine solche Beteiligung der Väter abzulehnen.

Dem Kind Anregungen geben und die
Früherziehung: eine gute Sache,
für die sich etwas mehr Mühe lohnt

Was wir über die Versorgung gesagt haben, gilt umso mehr
für die Beschäftigungen mit dem Kind, die es auf spieleri-
schem Weg dazu bringen, seine Bewegung, seine Sprache,
seine Wahrnehmung und seine Beziehung zu Menschen zu
entwickeln. Soziale Spiele (ohne Spielsachen), Spiele mit
Spielsachen, Rollenspiele, Körperspiele: die ganze Palette
steht Eltern beiderlei Geschlechts zur Verfügung. Traditionel-
lerweise interessieren sich Väter dafür mehr als für jede andere Art des Umgangs mit Kindern, was aber nicht bedeutet,
dass man sie nicht dazu ermuntern oder ihnen dabei helfen
sollte, diese Rolle des erwachsenen Partners zu übernehmen:
Auch Väter können in Zeitschriften und Magazinen Informationen über die »Interessenslage« des Kindes, über die Wahl
der Spielsachen und die Spielinhalte finden.[4] An der Seite der
Mutter kann der Vater bestens die vielfältige Entwicklung seines Sohnes oder seiner Tochter begleiten. Er muss allerdings
dazu bereit sein, genügend Zeit zur Verfügung stellen und dabei den richtigen Platz einnehmen.

Für die Werte und Normen der Sozialisation sind beide Eltern zuständig. Die Mutter hat eher Gelegenheit, die Grund-
regeln des Lebens zu vermitteln, Verbote aufzustellen und,
wenn notwendig, das Kind zur Ordnung zu rufen oder sogar
zu bestrafen. Sie verbringt mehr Zeit mit dem Kind und ist
am meisten betroffen, wenn das Kind an seine Grenzen gelangt (in der Ernährung, dem Schlaf, der Reinlichkeit des
Körpers, dem Aufräumen, den Pflichten im Haus, und, typisch für unsere Zeit, dem Konsum von Bildern im Fernse-
hen und anderen Medien). Dann muss sie die Autorität ver-

körpern und lernen, sich Respekt zu verschaffen, ohne dass sie sich dafür auf ihren Partner beziehen muss.

Wenn der Vater des Kindes anwesend ist, muss er seine Kontrollfunktion fest und gerecht ausüben, Grenzen setzen, ohne dass er dabei zum Überwacher oder Strafenden wird (niemand will heute den Vater mehr auf diese Rolle festlegen!). Den Vater des Kindes als Träger des Gesetzes anzusehen – als den, der es weitergibt und von ihm redet –, bedeutet nicht, dass man ihn zum Zensor machen muss. Wie die Mutter sollte er dem Prinzip treu sein, dass die Interessen des Kindes respektiert werden müssen.

Freizeitbeschäftigung: auch Kinder brauchen sie!

Mit diesem Begriff meinen wir den Inhalt, aber auch die dafür reservierte Zeit und eine besondere Lebensweise. Mit dem Kind freie Zeit zu teilen ist für den Vater das greifbarste und damit auch nützlichste Mittel, regelmäßig präsent zu sein und seine erzieherische Verantwortung zu übernehmen.

Wochenende und Feiertage sind besonders geeignet, zusammen zu sein und gemeinsam etwas zu tun. Je nach Alter des Kindes kann es sich um einen einfachen Spaziergang, Spielen im Sand oder Wasser, bis zum sportlichen Wettkampf mit oder ohne Ausrüstung, Besuche im Zoo, Einkaufen im Supermarkt oder Ausgehen handeln (Schauspiel, Familienessen, Fastfood …). Zu einer Zeit, in der der Vater nicht mehr Gelegenheit hat, dem Kind seinen eigenen Beruf zu vermitteln[5], müssen die Begegnungen im Leben außerhalb des Berufs stattfinden, außerhalb der Zwänge des Alltagslebens.

Man muss nicht unbedingt jedes Jahr in die Ferien fahren, und genügend Familien haben auch gar nicht die Möglichkeit dazu (niedrige Einkünfte und Arbeitslosigkeit sind nicht selten!), doch haben die meisten Väter das Geld, damit die Familien gemeinsam eine angenehme und bereichernde Zeit verbringen können. Dies bietet Gelegenheit, dem natürlichen Bedürfnis nach der Erfahrung von etwas Neuem nachzugehen. Es ist eher eine Frage der inneren Bereitschaft und der Großzügigkeit als eine Frage des Geldes. Eher eine Frage des Zuhörenkönnens und Helfens als eine Frage der Menge der Zeit, die man anwesend ist.

Eine bessere Kenntnis der Art des Einflusses, die Väter nehmen, müsste die Entscheidungsträger (die die Familien- und Sozialpolitik des Landes planen) und auch die wichtigsten Personen im Familienleben, die Eltern nämlich, dazu bringen, über die Ziele, die Inhalte, die Methoden der gewöhnlichen Erziehungspraxis nachzudenken. Nachdenken, um den Gedanken nicht aus dem Auge zu verlieren, dass vom frühesten Alter des Kindes an der Beitrag des Vaters dem Kinde zugute kommen muss: Kein Bereich darf ihm verschlossen bleiben, nichts ist nur der Mutter vorbehalten, auf allen Gebieten der Entwicklung des Kindes ist seine Mitwirkung wichtig.

In außerfamiliären Betreuungsstätten

Mehr noch als die Familie sind die Institutionen, die Kinder in den ersten Jahren betreuen, stark von Frauen geprägt, und man wundert sich darüber, dass die Verantwortlichen für die Familienpolitik sich mit der heutigen Situation abfinden, ohne sich allzu große Sorgen um die Folgen einer so einseitigen Prägung zu machen.

Kitas und Einrichtungen für Kinder unter drei Jahren: Orte ohne Väter (Männer)!

Wenn Kinder nicht zu Hause von ihrer Mutter erzogen werden, werden sie immer Personen weiblichen Geschlechts anvertraut, deren Aufgabe es ist, die normalerweise der Mutter zugeschriebenen Aufgaben zu erfüllen: Diese Frauen haben den sozialen Status einer Großmutter, einer Kinderfrau (mit oder ohne Berufsausbildung, selbstständig oder Mitarbeiterin in einer Krippe) oder Kindergärtnerin.

So gut wie alle, die sich um frühe Kindererziehung kümmern, sind weiblichen Geschlechts. Fast alle Einrichtungen, wie unterschiedlich sie auch strukturiert seien, werden von Frauen geleitet. Ähnliches gilt für Kinderstationen in Krankenhäusern, Einrichtungen für behinderte Kinder oder Waisenhäuser.

Dies geht auf eine lange Tradition zurück, ist jedoch kein Grund, damit zufrieden zu sein und Reformen für unnötig zu halten. Nach dem, was man aus der Psychologie der Vaterschaft weiß, ist es sehr wahrscheinlich, dass diese Situation dem Kind schadet und das System den Bedürfnissen des Kindes eher gerecht würde, wenn den Kindern neben den Mutterfiguren mehr Väterfiguren zur Verfügung stünden.

Um nach und nach ein Gleichgewicht von Männern und Frauen in diesen Einrichtungen zu schaffen, müsste man wirtschaftliche Initiativen ergreifen und die Löhne des Personals erhöhen, soziale Initiativen mit der Möglichkeit, in diesem Beruf einen besseren Status zu erreichen. Doch wir wissen alle, dass die Hauptgründe für die Blockade kultureller Art sind. Man muss die Einstellungen verändern und sich gegen konservative Vorurteile wenden wie etwa: »Männer haben nicht genug Geduld, sind nicht liebevoll genug, um sich um kleine Kinder zu kümmern.« Solche Vorstellungen hausen in den Köpfen vieler Frauen (bei Familienmüttern, Erzieherinnen, Verwaltungschefs im Gesundheits- und Sozialwesen). Aber auch und vor allem in denen vieler Männer. Diese sind überzeugt, sie würden sich erniedrigen, wenn sie »Frauenarbeit« übernähmen, und es sei keine sinnvolle Aufgabe, sich intensiv mit Kinder zu beschäftigen. Dies sind gänzlich ungerechtfertigte Vorstellungen, wenn man den Aussagen einer Minderheit von Männern glauben will (die bereits Väter sind oder noch nicht), und die Lust hatten (und auch den Mut), diesen Beruf auszuüben: Erzieher kleiner Kinder, Lehrer in der Vorschule. Im Übrigen sind auch Frauen dieser Meinung, die die Gelegenheit hatten (und das Glück), einen Mann zum Kollegen zu bekommen.

Bislang handelt es sich noch um Einzelfälle, aber wenn man sich bemühte, könnte man eine Bewegung auslösen, um Männer in den Bereich der Früherziehung zu integrieren. Da gibt es noch viel zu tun!

Der Kindergarten, Einrichtungen für Kinder von drei bis sechs: das schüchterne Auftauchen erster Vaterfiguren

In Kindergärten und Vorschulen sowie Ferieneinrichtungen für Kinder sind Frauen in der Überzahl. Es gibt entschieden mehr Erzieherinnen als Erzieher.

Wenn es so wenig Männer in der Vorschulerziehung gibt, ist dies für die Kinder dieses Alters härter als für die Kinder unter drei Jahren. Diese Zeit entspricht der Phase, in der nach Meinung der Psychoanalytiker die Entwicklung der Libido aufgrund der ödipalen Krise besonders schwierig ist.

Es ist schwer zu verstehen, dass die Vorschulerziehung noch immer so stark von Frauen beherrscht wird. Die Frauen machen ihre Arbeit dort gut (sogar sehr gut), aber muss es denn unbedingt ein weiblicher Tempel bleiben? Wer wird glauben, dass die Dinge bleiben können, wie sie sind, solange die Leiterin die Vaterrolle übernimmt und ihre Assistentin die der Mutter? Wer soll glauben, dass es genügt, wenn das Kind seine Mutter und seinen Vater am Abend oder am Wochenende sieht, um eine gute psychosexuelle Entwicklung zu garantieren?

Parität der Geschlechter in der Vorschulerziehung ist ein frommer Wunsch: Er ist ebenso schwer zu erfüllen wie die Parität der Geschlechter im Parlament. Es ist aber an der Zeit, dass Maßnahmen zum Ende des weiblichen Monopols in der Vorschulerziehung ergriffen werden. Das Problem besteht weniger im Finden von Personal als im sozialen Ansehen. Man müsste daher versuchen, Männern und Frauen begreiflich zu machen, besonders denen, die in den Aufsichtsbehörden, den Verwaltungen und Ministerien sitzen, dass die Männer nichts zu verlieren haben, wenn sie Kindergarten- und Vorschulkinder erziehen – ganz im Gegenteil! Dass es im Interesse des Kindes ist, im Kindergarten zu sein wie in der Familie, in Gesellschaft von Frauen und Männern. Dieses letzte Argument gewinnt zusätzlich an Gewicht, je mehr allein erziehende Eltern es gibt.

Auch in Freizeiteinrichtungen für Kinder von drei bis sechs Jahren sind Männer zu selten, und so kommen die Kinder dort nicht auf ihre Kosten. Das Fehlen von Vaterfiguren ist umso schädlicher, als die Aktivitäten in diesen Einrichtungen sehr viel mit der psychomotorischen, psychoaffektiven und psychosozialen Entwicklung zu tun haben.

Die Erwachsenenwelt der Kinder dieses Alters sollte dem der eigenen Altersgenossen entsprechen und aus beiden Geschlechtern bestehen.

Beitrag des frühen Vaters

Sagen wir es noch einmal: Im Idealfall sollte das Elternsein des Vaters bereits dann beginnen, wenn ein Paar beschlossen hat, ein Kind zu haben. Und sollte in allen Monaten, die der Geburt vorausgehen und ihr folgen, weiter bestehen.

Gemeinsam warten, aber ohne die Positionen zu verwechseln

Auf die Vorstellung, dass die »Arbeit des Vaterseins« bei jemandem stattfindet, der in seinem Körper nicht die Veränderungen erfährt, die Schwangerschaft, Geburt und auch Brusternährung hervorrufen, kommen wir nicht zurück. Der biologische Unterschied zwischen den Geschlechtern zwingt dazu, das Elternwerden in zwei wesentlich unterschiedenen Registern zu erleben. Jedoch soll der Unterschied nicht mehr so weit gehen, dass der Vater darauf festgelegt wird, passiv zu warten. Vielmehr soll er, wie wir gesagt haben, mit Sympathie und so gut es geht, die Änderungen der Identität, die sich beim Eintritt in die Vaterschaft einstellen, verarbeiten. Vater sein bedeutet auch und vielleicht vor allem, bewusst, freiwillig und konkret die Mutter in der Schwangerschaft, während der Geburt und während des Stillens zu begleiten. Das Vaterwerden entwickelt sich nicht nur in der Fantasie des Mannes: Im besten Fall wird man mit dem Kopf ebenso Vater wie mit dem Herzen und dem Körper. Vaterwerden ist nicht nur eine Frage des Kind-Austragens – wecken wir bei den künftigen Vätern den Wunsch, Akteure ihres Vaterseins zu werden.

Das Vatergefühl hat nichts Geziertes oder Geschmackloses

Das Vatersein in der ersten Lebenszeit des Kindes darf sich nicht darin erschöpfen, dass er genau dasselbe tut wie die Mutter. Man hat zu oft versucht, den jungen Vater nach dem Modell der Mutter zu formen, und die elterliche Zuneigung des Noch-nicht-Vaters oder das Vatergefühl des werdenden Vaters nicht sehen wollen. In allen Augenblicken des Vaterwerdens ist der Vater es sich schuldig, in seiner Position des männlichen Elternteils zu bleiben und gerade nicht Mutter zu sein. Wie Marciano es ausdrückt: »Die Bedeutung der väterlichen Gefühle anzuerkennen bedeutet nicht, den Vater zu verweiblichen, sondern ihn als anderes Subjekt anzuerkennen.«[6] Das Vatersein braucht die Männlichkeit keineswegs zu verbergen: Männlichkeit der Stimme, der Muskelkraft, der Haut; Männlichkeit in der Art zu berühren, zu tragen, seine Art des Körperaustauschs; psychische Männlichkeit in der Emotionalität, den Vorwegnahmen und Erwartungen, in seinen Bemühungen und seinen Anregungen, die dem sozialen Geschlecht eigen sind und unmittelbar durch das Geschlecht des Kindes bestimmt werden (Jungen und Mädchen werden nicht auf die gleiche Weise wahrgenommen und behandelt, wie wir gezeigt haben). Die sich entwickelnde Vaterschaft darf nicht auf Zärtlichkeit und Ernährung beschränkt werden (es geht um Vatersein). Verwechseln wir nicht Gefühle und Ziererei.

Die Gegenwart das Vaters: eine Wohltat für die Mutter

Eine letzte Feststellung, die Fachleute in der Debatte, die sie mit den Forschern führen, stärken soll: Der Vater ist in doppelter Weise »nützlich«, zum einen – und ganz besonders –

für das Elternsein der Partner, zum andern für die Entwicklung des Säuglings. Empirische Daten über den ganz frühen Einfluss des Vaters sind noch recht selten, wie wir gesehen haben. Vernünftiger ist zurzeit, davon auszugehen, dass sich die positive Wirkung der frühen Beteiligung des Vaters nach den ersten sechs Monaten und im Lauf des zweiten und dritten Lebensjahrs zeigt.

Der wichtigste positive Aspekt der Teilnahme des Vaters betrifft Vater und Mutter selbst. Im Lauf mehrerer Untersuchungen bei Eltern kleiner Kinder haben wir festgestellt, dass die Frauen so gut wie einstimmig das Engagement ihres Partners wünschten und mit ihm einverstanden waren, vor, während und nach der Geburt des Kindes (manchmal bedauerten sie, dass seine Beteiligung nur lückenweise stattfand oder unterbrochen wurde). Die Stärkung des seelischen Halts durch ihren Gefährten, sein Beisein beim Ultraschall, der Geburt, seine Aufmerksamkeit für die Entwicklung des Ungeborenen, des Neugeborenen und des Säuglings, die Bereitschaft, die Versorgung des Kindes zu teilen, werden allgemein von den Frauen als Ergebnis einer besseren Inanspruchnahme ihrer Rechte anerkannt, und sie werden immer gern angenommen als Zeugnis ehelicher Liebe und väterlicher Zuneigung.

Auf die gleiche Weise sah die große Mehrheit der Väter, die erklärten, an der Schwangerschaft, der Geburt und Entgegennahme des Kindes und seiner Betreuung richtig teilgenommen zu haben, die Erfahrung als positiv an (manchmal nannten sie sie sogar einzigartig und außergewöhnlich), als emotional erhebend, intellektuell bereichernd und moralisch wertvoll. Es ist selbstverständlich, dass sich solche Empfindungen indirekt auf das Gleichgewicht, die Lebensfreude des Kindes und in der Folge auf die Dynamik seines seelischen und körperlichen Wachstums auswirken.

Dieses Bild entspricht natürlich einer Situation – die zum Glück die häufigste ist –, in der die Väter genügend anwesend sind, genügend besorgt um das Wohlergehen ihrer Gefährtin und des Ungeborenen und von der Wichtigkeit ihrer frühen Mitwirkung beim Kind überzeugt.

AUF ANDERE WEISE VATER SEIN

Ist es möglich, zum Schluss dieses Buches aus den zahlreichen Kenntnissen, die wir zusammengetragen haben, eine Vision zu entwickeln, die sich perspektivisch mit dem Einfluss des Vaters auseinander setzt, mit den Momenten seines Mitwirkens und der Art seines Handelns?

Die Antwort ist ja, wenn man zunächst bereit ist, den nutzlosen Mythos des nur symbolisch wirksamen Vaters zu revidieren, der das Gesetz vertritt, was im Grunde einer laizistischen Form von Gott Vater[1] entspricht. Außerdem sollte man bereit sein, sich von der Glaubenslehre zu befreien, die die Funktion des Vaters auf abstrakte und nominalistische Weise definiert: Man kann sich nicht mehr damit zufrieden geben, nur von Ausübung einer Funktion zu sprechen und zu glauben, dass der Vater, um seinen Platz wirklich auszufüllen, nur als solcher anerkannt und bezeichnet zu werden braucht. Und die Antwort ist auch dann ja, wenn man das Vatersein auf die Wirklichkeit der Gegenwart, die Vielfalt seiner Beiträge und die Dauer seiner Mitwirkung gründet.

Diese drei Merkmale zeigen deutlich, dass in unserer Sichtweise der männliche Elternteil ein Wesen aus Fleisch und Blut ist, das sich engagiert und aktiv mitwirkt und nicht nur ein Bild oder gar nur ein Name. Wir meinen, dass die Funktion des Vaters viel eher mit »Tun«, mit der Existenz zu tun hat, als mit dem »Sein«, der so genannten Essenz.

Zu Beginn des 21. Jahrhunderts kann man wohl kaum noch behaupten, dass die Funktion des Vaters nur durch den guten Willen der Mutter legitimiert wird oder dass diese Funktion sowohl von einem Mann als auch einer Frau erfüllt werden kann oder dass sie erst mit 18 Monaten einsetzt oder von dem Augenblick an, in dem das Kind in die ödipale Phase kommt, oder dass sie sich auf die Einführung und Anwendung des Gesetzes beschränkt – lauter Behauptungen, die immer wiederholt werden, ohne dass man sich je die Mühe macht, sie zu überprüfen. In diesem Zusammenhang werden meine Vorschläge die Hüter einer gewissen psychoanalytischen Orthodoxie gewiss irritieren. Das stört mich nicht, denn ich habe das Alter hinter mit, in dem man beim Schreiben darauf achtete, die Meister nicht allzu sehr zu schockieren oder sich nicht irgendwelchen Vorwürfen auszusetzen.

Von Lola bis Guido

In seinem Film *Alles über meine Mutter* zeichnet Pedro Almodovar das tragische Porträt eben jenes Vaters, der nur in den Gedanken der Mutter existiert. Lola, transsexueller Erzeuger des Sohnes, ist mit unbekanntem Ziel verschwunden und hat zwei seiner früheren Partnerinnen, der Krankenschwester Manuela und der Nonne Rosa (die sich um Prostituierte kümmert), die Pflege seines Nachwuchses überlassen. Sein erster Sohn Esteban, aus seiner Beziehung zu Manuela hervorgegangen, sucht in der Pubertät nach seiner Identität und möchte seinen biologischen Vater kennen lernen (dieser Junge wird von einem Auto überfahren und stirbt). Sein zweiter Sohn Esteban, Kind seiner Beziehung mit Rosa, ist HIV-positiv; er hat seine Mutter bei der Geburt verloren und ist Waise (wird jedoch von Aids geheilt und findet in Manuela eine Adoptivmutter).

Dies ist der Inhalt dieses Melodrams, das als Film über Frauen verstanden wurde, sich aber ebenso als Dokument über das Fehlen des Vaters interpretieren lässt, als Lektion auf der Basis langer klinischer Erfahrung an die, welche immer noch in ihren Veröffentlichungen schreiben, der Mann werde allein durch den Willen und die Worte der Mutter zum Vater oder der Vater könne ebenso gut eine Frau sein …

Dabei ist der Vater grundlegend von Anfang bis Ende der Psychogenese des Kindes derjenige, der Ja sagt und bereit ist, seinen Anteil als männlicher Elternteil beizusteuern. Der wahre Vater ist der, der von seiner Position als geschlechtliches Wesen sagt: »Ja, ich bin da«, und bei den verschiedenen Entwicklungsstufen seines Kindes zur Verfügung steht.

Der Vater, der ja sagt, findet sich bestens präsentiert in dem Film von Roberto Benigni *Das Leben ist schön.* Guido, der Vater, sagt ja zu seinem kleinen Sohn Josua, als sie gemeinsam die Deportation in ein Lager erleben müssen, in das Nazis jüdische Familien verschleppt haben. Er sagt ja und setzt sein Leben aufs Spiel, als er den Jungen im Männerlager versteckt, ihn schützt und vor der Vernichtung in der Gaskammer rettet. Er sagt ja, als es darum geht, dem Sohn die Zeit im Lager so erträglich wie möglich zu machen, und mit ihm ein Spiel zu treiben, das das Kind vor Trauer und Verzweiflung rettet.

Guido verkörpert wunderbar die Figur des gegenwärtigen Vaters, des Vaters, der seinem Kind mithilfe des Humors Selbstvertrauen und Lebensfreude gibt. Unter den schwierigsten Bedingungen kann das Leben »schön« sein, wenn man einen Guido zum Vater hat.

Das Modell des konkreten Vaters

Ich habe hier eine Sichtweise dargelegt, die sich von einer den Vater mythologisierenden Auffassung unterscheidet. Dies ist kein einfach zusammengesuchtes Modell, das nur auf Spekulation beruht. Gibt man sich die Mühe, die Fachliteratur aufmerksam zu lesen, so kann man erkennen, dass dieses Projekt in den Texten der letzten drei Jahrzehnte langsam Form annimmt.

Man findet es bei Entwicklungspsychologen, die die Faktoren, die Art und Weise und die Wirkungen einer aktiven Präsenz des Vaters untersucht und dadurch dazu beigetragen haben, eine neue Vorstellung von Vaterschaft in die Öffentlichkeit zu tragen: Ich spreche vom konkreten Vater, der sich um Versorgung der Kinder und Spiel kümmert, der auf seine besondere Weise schon früh einen Beitrag für das Kind leisten kann. Diesen Vater habe ich beobachtet, befragt, beschrieben und schließlich auf einen Begriff gebracht …

Man findet ihn bei Psychoanalytikern wie Lebovici, der vor den Mängeln eines strukturalen Begriffs gewarnt hat, der den Vater privilegiert und Gefahr läuft, Väter als Einzelne zu vergessen, wie man sie »bei der täglichen Erfahrung der Beschäftigung mit Kindern« findet.[2] Oder auch bei Aubert-Godard, Lamour, Golse oder Cupa: Ihre Entschlossenheit, den Vater in die ursprüngliche Familiendynamik einzubeziehen, stützt in vielfacher Hinsicht die von mir vertretene These.[3] Anatrella selbst, der Meister der »Vaterfunktion«, ist kürzlich so weit gegangen einzuräumen, dass die physische Präsenz des Vaters eine echte Notwendigkeit ist. Er schreibt: »Wenn man zu sehr die symbolische Funktion hervorhebt, ist der Vater am Ende kein Wesen aus Fleisch und Blut und die Wichtigkeit seiner körperlichen Anwesenheit wird heruntergespielt: die Vatersymbolik kann sich durchaus entwickeln, wenn sie körperlich verankert ist.«[4] Hier zeigt sich, dass Entwicklungspsychologen und Analytiker einander mit gemeinsamen Vorschlägen begegnen und einen fruchtbaren Dialog führen können. Einen Dialog, den ich vor zehn Jahren begonnen habe.

Der Vater ist kein Held, sondern ein Mann

Geht es um das Bild eines heroischen erziehenden Vaters, der unerreichbar, ein reines Ideal ist? Eigentlich nicht, denn natürlich tut jeder das, was er kann, mit dem, worüber er verfügt (seine Stärken und Schwächen, seine Möglichkeiten und Mängel), und so geht es nicht darum, von Vätern zu verlangen, tugendhafter zu sein als andere Männer. Klar ist auch, dass ich mich hier nicht auf das Gebiet von Philosophie und Moral begebe und »gute« von »schlechten« Vätern unterscheide. Ich werde meine Position als Kinderpsychologe nicht aufgeben. Ich bleibe mir nach wie vor der ideologischen Voraussetzungen bewusst, die den einen oder anderen meiner Vorschläge geprägt haben, ebenso des leicht utopischen Charakters meiner Äußerungen.

Sicher werden die Väter nicht so schnell die Versorgung und Erziehung ihrer Kinder gerecht mit ihren Partnerinnen teilen oder ebenso oft wie die Mütter Erziehungsurlaub nehmen oder Berufe im Bereich der Früherziehung ergreifen. Auch werden sie im Fall einer Scheidung nicht so oft wie die Mutter das Sorgerecht nur für sich reklamieren. Ich bin nicht naiv genug zu glauben, dass alle angesprochenen Reformen sofort verwirklicht werden können. Aber wer würde behaupten, dass man über den Beitrag des Vaters zur Entwicklung des Kindes sprechen könnte, ohne auch ein wenig über Werte zu reden? Heute ist die junge Generation – Jungen wie Mädchen – kritisch gegenüber unserer Gesellschaft und besorgt über die Probleme der Zeit (Arbeitslosigkeit, Gewalt, Drogen, Korruption, Ungerechtigkeit), doch weiterhin räumen sie der Familie einen wichtigen Stellenwert ein. Man kann also optimistisch sein.[5]

Als früherer Forscher und Lehrer, aber auch als Bürger übernehme ich die Verantwortung für das Engagement und stehe zu der Überzeugung, dass das Vaterschaftsmodell, das sich in diesem Buch abzeichnet, nicht nur eine lebenswichtige Entscheidung unterstützen, sondern auch den Wunsch zur Vervollkommnung der Persönlichkeit wecken oder wieder aufleben lassen kann. Jeder wird begriffen haben, dass es nicht darum geht, auf andere Weise Vater zu sein, nur um eine neue Auffassung zu präsentieren. Vielmehr geht es darum, es den Vätern zu ermöglichen, ein »Mehr« beizutragen, und den Familien, »besser« zu leben und am Ende dem Fortschritt etwas näher zu kommen.

DANKSAGUNG

Ich danke herzlich allen, die mich in zehn Jahren Forschungsarbeit begleitet und mir ermöglicht haben, dieses Buch zu schreiben:
- den Kindern, die bei Feldstudien mitgewirkt haben – oft unfreiwillig,
- den Eltern, Vätern und Müttern, die Zeugen, Mitwisser und Partner waren,
- den Verwaltungschefs, den Krippenmitarbeiterinnen, Erzieherinnen, die mir freundlich ihre Tür geöffnet haben,
- den Studenten der Psychologie, die im Lauf der Vorbereitung ihres Magisters oder ihrer Doktorarbeit zu meiner eigenen Entwicklung beigetragen haben,
- den früheren Kolleginnen im »Laboratoire Personnalisation de Changements sociaux«, die mir Vertrauen entgegengebracht und mich unterstützt haben, vor allem von 1994–1998: Ania Beaumatin, Véronique Bourcois, Geneviève Bergonnier-Dupouzy, Chantal Zaouche-Gaudron, Hélène Ricaud, Marie-Axelle Granie,
- meiner Frau und meinen Kindern, die mich von Anfang an ermutigt und unterstützt haben,
- Yves Prêteur, Christine Capel und Christiane Lefebvre-Le Camus, die das Manuskript lasen und mir wertvolle Hinweise gaben,
- Boris Cyrulnik für seine Ermutigung, Achtung und Freundschaft.

Anmerkungen

Vorwort: Wozu ist ein Vater gut?

1. Im Lauf des Textes verwende ich den Begriff »Beitrag«, um mich von Historikern und Soziologen abzugrenzen, die heute das Wort »Rolle« verwenden, und von den Psychoanalytikern, die von »Funktion« sprechen.

2. Zu dieser Frage möchten wir den Leser auf drei unserer Arbeiten verweisen: J. Le Camus, Pères et bébés, Paris 1995-a; J. Le Camus, F. Labrell, C. Zaouche-Gaudron, Le rôle du père dans le développement du jeune enfant, Paris, 1997; J. Le Camus, Le père éducateur du jeune enfant, Paris, 1999-a.

3. T. Anatrella, »La lutte des pères«, in: Le bébé cet inconnu, *Le Nouvel Observateur*, Sondernummer 37, 1999, S. 65.

4. F. Labrell, Contributions paternelles au développement cognitif de l'enfant dans la deuxième année, Dissertation Universität Paris V, 1992.

5. In unserer Gruppe wurde dieses Paradigma in zwei Doktorarbeiten angewandt: C. Zaouche-Gaudron, Analyse des processus de subjectivation et de sexuation au travers de la relation père-bébé, Dissertation Universität Toulouse-Mirail, 1995; G. Bergonnier Dupuy, Stratégie éducative et développement cognitif du jeune enfant: incidence de la stratégie éducative et des différents modes d'interaction de tutelle sur les compétences cognitives de l'enfant de 3 ans, Dissertation, Universität Toulouse-Mirail, 1995.

6. Verschiedene Arbeiten einer Forschergruppe im Bereich Personnalisation et Changement Sociaux, fünf Doktorarbeiten (V. Bourcois, C. Zaouche-Gaudron, G. Bergonnier-Dupuy. M.-A. Granié, H. Ricaud); drei entstehende Doktorarbeiten; etwa einhundert Magisterarbeiten.

Kapitel 1: Im »Namen des Vaters« – Der Vater als Symbol für das Gesetz

1. »Es ist gewiss nicht gut«, schreibt Wallon, »dass der Vater seine Autorität auf willkürliche Weise ausübt, aber es widerspricht der Struktur der Familie und ihrem notwendigen Gleichgewicht ebenso, wenn er sie ruhen lässt oder einem anderen überträgt.« (H. Wallon, »Les milieux, les groupes et la psychogenèse de l'enfant«, *Cahiers internationaux de Sociologie*, 1954; Sondernummer von *Enfance*, 1985, 7. Aufl. S. 98 (95–104).

2. H. Wallon, a.a.O., S. 98.

3. M. Porot, L'enfant et les relations familiales, Paris, 1954.

4. J.M. Sutter, H. Luccioni »Le syndrome de la carence d'autorité«, *Ann. Méd. Psych.*, 1957 Nr. 1, S. 898 (897–901).

5. A.a.O., S. 98.

6. D.W. Winnicott, »Le père« (1944), in: *L'enfant et sa famille*, Paris, 1957, 1. Aufl., S. 120.

7. A.a.O., S. 119.

8. D. Widlöcher, »Fonction paternelle, complexe D'Oedipe et formation de la personnalité«, *Revue de neuropsychiatrie infantile*, 1965, 13. Nr. 1–11, (777–781) S. 780. Das »Über-Ich«, schreibt Widlöcher im selben Artikel, »hängt vom Niederschlag dieses moralischen Gewissens im Bewusstsein des Kindes ab, das zuerst durch den Vater verkörpert wird.«

9. Für A. Bourgeba etwa eröffnet die Funktion des Vaters dem Kind eine Welt, »in der die Orientierung Vorrang vor der Empfindung hat, anders gesagt auf ein humanisiertes Ganzes gerichtet ist, das durch die Sprache beherrscht und entsprechend den Generationen und der geschlechtlichen Zugehörigkeit eingerichtet ist«. In: A. Bourgeba, »La fonction paternelle et la paternité«, *Variations*, 1999. Nr. 2, S. 55–74.

10. A. Naouri, L'enfant bien portant, Paris, 1993., S. 229.

11. T. Anatrella. La différence interdite, Paris, 1998.

12. »Danach«, so erklärt Wallon, »kommt der Moment, in dem es einige Personen seiner Umgebung erkennt, vielleicht nicht als Individuen, aber insofern, als sie in seiner Umgebung ein bestimmte Rolle spielen. Zum Beispiel die Rolle, die der Vater einnimmt«, in H. Wallon, »Les étapes de la sociabilité chez l'enfant«, *École libérée*, 1952, Nachdruck in *Enfance*, 1959, Nr. 3–4, S. 309–323.

13. M. Porot, a.a.O., S. 149.

14. »In der allerfrühesten Kindheit, in der die Mutter die wichtigste Person für das Kind ist, kann der Vater durch die liebevolle Unterstützung, die er seiner Frau gibt, einen wichtigen, wenn auch indirekten Einfluss auf die Entwicklung des Kindes nehmen: eine geliebte und glückliche Frau ohne größere Sorgen um ihre Ehe hat alle Voraussetzungen, ihrem Kind eine gesunde, ausgeglichene und nicht übertriebene Zuneigung zu schenken«, schreibt z.B. M. Porot in »Le rôle du père dans l'évolution normale de l'enfant«. *Revue de neuropsychiatrie infantile*, 1965, 13. Nr. 10–11, S. 774 (771–776).

15. D.W. Winnicott, a.a.O., S. 118.

16. J. Bowlby, Maternal Care and Mental Health, WHO, Genf 1951. Grief and Mourning in Infancy, The Psychoanalytical Study oft the Child, 15, 1960.

17. R.A. Spitz, Vom Säugling zum Kleinkind, Stuttgart 1967.

18. Oder an anderer Stelle: »Wenn das Kind das Alter erreicht hat, in dem es Laufen lernt – mit 18 Monaten –, beginnen normal veranlagte Männer, sich um es zu kümmern. Die sich um Babys kümmern, sind zum großen Teil feminin und gewissermaßen eifersüchtig auf die Schwangerschaft der Mutter.« Vgl. Françoise Dolto, Quand les parents se séparent, Paris,1988, S. 53.

19. A. Naouri, Le couple et l'enfant, Paris, 1995.

20. Ders., »Papa, Maman ... chez le pédiatre«, *Le Journal des Psychologues*, 1999, Nr. 169. S. 40 (39–41).

21. T. Anatrella, a.a.O., S. 43.

22. Die Rede vom »symbolischen Vater« geht in Frankreich besonders auf den Psychoanalytiker Jacques Lacan zurück, von dem auch das berühmte »Au Nom du Père« – »Im Namen des Vaters« stammt, mit dem sich der Autor dieses Buches wiederholt auseinander setzt. Da das französische Wort für Namen – nom – phonetisch mit »non«, also »nein« übereinstimmt, lässt sich eine Brücke vom »Namen«=»Nom« hin zu »Nein«=»Non« schlagen und so auf die verbietende Funktion des Vaters verweisen. Le Camus greift dieses lacansche Wortspiel auf, wenn er statt dem »Nein« des Vaters das »Ja« des Vaters fordert. (S. 134). (Anmerkung für die deutschsprachige Bearbeitung vom Verlag.)

23. D.W. Winnicott, a.a.O., S. 117.

24. P. Julien, Le manteau de Noé, Paris, 1991, S. 36.

25. Ders., a.a.O., S. 32. Für ihn ist »die Vaterschaft ein leerer Platz, den erst die Mutter für das Kind einrichtet«.

26. P. Julien, Où sont passés les pères? *Actes des Journées d'etude et de réflexion de l'UFR de la Fondation pour l'enfance*, Paris, April 1995, S. 37–47.

27. »Eine Mutter wird nicht nur durch Geburt und Kinderpflege zur Mutter, sondern auch dadurch, dass sie ihrem Kind einen Vater schenkt ... Die Muttersprache gibt dem Kind einen Vater, durch sie empfängt das Kind den Vater«, schreibt etwa J. Clerget in »Places du père, violence et paternité«, *Places du père, violence et paternité*, ed. J. und M.-P. Clerget, Lyon, 1992, S. 83 (57–91).

28. »Man muss den Vater in der Mutter und nicht anderswo suchen«, betont Aldo Naouri, »weil die anderen Orte, auch die, die er tatsächlich einnimmt, im Bezug auf diesen keine große Bedeutung haben«, in Aldo Naouri, a.a.O., 1995., S. 207.

29. D. Widlöcher, a.a.O., 1965, S. 778.

30. Siehe vor allem J. Dor, *Le père et sa fonction en psychanalyse*, Paris 1989, für den die Vaterfunktion »ihre einführende strukturierende Kraft behält, auch wenn gar kein Vater da ist«.

31. A. Naouri, a.a.O., 1995. S. 129 schreibt ebenfalls: »Die Funktion (des Vaters) beruht auf einem abseitigen, egoistischen, willkürlichen und geradezu faschisierenden Ansatz seiner direkten Umgebung« ... »man muss direktes Einwirken des Vaters auf das allerwenigste beschränken.«, a.a.O. 1999. S. 41.

32. Vgl. F. Hurstel, *La déchirure paternelle*, Paris 1996. Für ihn ist »der Vater grundsätzlich eine symbolische Funktion, die Funktion der Effizienz in allen Dingen, die eines Signifikanten, eines Namens – des Namens des Vaters –, bevor er zum Bild wird, eine Rolle erhält oder zur Verkörperung wird«.

33. So schreibt T. Anatrella: »Der Vater zwingt das Kind, sich in der Ordnung der Familie an seinen Platz zu begeben, zwischen Vater und Mutter und so mit seiner geschlechtlichen Identität konform zu sein«, a.a.O., S. 37.

34. T. Anatrella, a.a.O., 1995, S. 65.

35. Y. Kniebiehler, Les pères aussi ont une histoire. Paris, 1987. S. 31.

36. E. Corin. »Le père comme modèle de différenciation dans une société clanique matrilinéaire«, Psychopathologie africaine, 1971, Nr. 7,

S. 185–224; Cai Hua, Une société sans père ni mari. Les Na de Chine, Paris, 1997.

37. F. Héritier, Masculin/Féminin. La pensée de la différence, Paris, 1996.
38. S. Lallemand, »Le B.A. BA africain«, *Autrement*, 1984, Nr. 61, S. 81–86.
39. T. Anatrella, a.a.O., 1999. S. 65.

Kapitel 2: Die Zeiten ändern sich

1. Vgl. Frauen in der Bundesrepublik Deutschland, Bundesministerium für Familie, Senioren, Frauen und Jugend, 1998, S. 3 (Frauen in der BRD).
2. Zwei Drittel der Männer arbeiten im Haushalt 0–10 Stunden wöchentlich, nach der Geburt eines Kindes verstärkt sich die traditionelle Rollenverteilung. DJI Familiensurvey, Wandeln und Entwicklung familiärer Lebensformen, Zusammenfassung für die Jahre 1987–1998, Leverkusen, 1999.
3. Die Familie im Spiegel der amtlichen Statistik, Bundesministerium für Familie, Senioren, Frauen und Jugend (Familienspiegel, S.105).
4. J.-C. Kaufmann, La trame conjugale, Paris, 1992, S. 114.
5. F. de Singly, Le Soi. Le couple et la famille, Paris, 1996.
6. Familienspiegel, a.a.O., S. 127.
7. J. Le Camus, Péres et bébés, Paris, 1995-a; Le rôle du père dans le développement du jeune enfant, ed. J. Le Camus, F. Labrell und C: Zaouche-Gaudron, Paris, 1997; Le père éducateur du jeune enfant, Paris, 1999.
8. DJI Familiensurvey, a.a.O.
9. A.a.O.
10. Familienspiegel, a.a.O., S. 113.
11. E. Sullerot, Le grand remue-ménage, Paris, 1997.
12. I. Théry, »Le grand chambardement«, *Le Monde de l'Éducation*, 1998-a, Nr. 264.
13. DJI Familiensurvey, a.a.O.
14. A.a.O.
15. M. Segalen, »Les nouvelles familles«, *Sciences humaines*, 1999, Nr. 26, S. 25.

16. C. Villeneuve-Gokalp, »La double famille des enfants séparés«, *Population*, 1999, 1., S. 9–36.
17. A.a.O.
18. A. Schmidt, Mehr Vater fürs Kind – auch nach Trennung oder Scheidung. Weinheim und Basel 1998.
19. Frauen in der BRD, a.a.O., S. 104, Familienspiegel, a.a.O., S. 57.
20. D. Blankenhorn, Fatherless America, New York, 1995.
21. DJI Familiensurvey, a.a.O.
22. Frauen in der BRD, a.a.O., S. 105.
23. A.a.O., S. 104.
24. Frauen in der BRD, a.a.O., S. 54.
25. H. Leridon, »Recomposer les familles dans les sources statistiques«, in: Les recompositions familiales aujourd'hui, ed. M.T. Meulders-Klein, I. Théry, Paris, 1993, S. 52.
26. M.-T. Meulders-Klein und I. Théry, a.a.O.
27. Familienspiegel, a.a.O., S. 90.
28. I.Théry, a.a.O., 1998-b, S. 47.
29. F. Hurstel und C. Carré, »Processus psychologiques et parentés plurielles«, in: Les recompositions familiales aujourd'hui, ed. M.-T-Meulders-Klein und I. Théry a.a.O., S. 191 (191–214).
30. Familienspiegel, a.a.O., S. 37.
31. Ute Gerhard (ed.), Frauen in der Geschichte des Rechts, München, 1999, S. 825 ff.
32. F. Hurstel und C. Carré, a.a.O., S. 193.
33. N. Lefaucheur, »Sur la scène de l'anormalité familiale«, in: Les recompopsitions familiales aujourd'hui, a.a.O., S. 123–136.
34. A. Martial, »Pères et beaux-pères«, in: A chacun sa famille, ed. A. Fine, C. Latewrasse und C. Zaouche-Gaudron, Toulouse, 1998, S. 89 (81–94).
35. A.a.O., S. 92.
36. P. Kremer, *Le Monde*, 15. März 1999.
37. A.a.O.
38. E. Dubreuil, Des parents de même sexe, Paris, 1998.
39. C.J. Patterson, R.W. Chan, »Gay Fathers«, in: ed. M. Lamb, The Role of the Father in Child Development, 1997, S. 245–260.
40. C.J. Patterson, »Lesbian and Gay Parenting«, *American Psychological Association*, 26. März, 1999.

41. Ich verwende diesen Begriff für den Bereich von säkularem Wissen, religiösen und sonstigen Überzeugungen, Werten und sozial anerkannten Normen, für Vorstellungen, die sich in durch Fragebögen und Gespräche festgestellten Meinungen, Haltungen und Urteilen niederschlagen. Bei diesen Vorstellungen geht es um Weiblichkeit und Männlichkeit; Ehe und Scheidung, das Kind, seine Rechte und seine Entwicklung; Erziehungsziele und Methoden …

42. »Die Besonderheit besteht darin, dass sich verschiedene Arten menschlicher Bindungen kreuzen: die des Paars, der Generationenfolge, die zwischen Geschwistern, die zwischen den Generationen«, schreibt Irène Théry in »A la croisée des liens«, *Le Monde de l'Éducation*, 1998-b, S. 34.

43. F. de Singly, a.a.O.

Kapitel 3: Die Öffnung zur Welt

1. M. Wieviorka et al., Violence en France, Paris, 1999.
2. D. Houzel et al., Les enjeux de la parentalité, Ramonville Saint-Agne, 1999.
3. A. Bruel, Un avenir pour la paternité, Paris. 1998.
4. P. Malrieu, S. Malrieu, »La socialisation«, in: ed. Gratiot-Alphandery, R. Zazzo, Traité de psychologie de l'enfant, Paris, 1973, S. 10–234.
5. J. Le Camus, Le père éducateur du jeune enfant, Paris, 1999-a.
6. F. Labrell, a.a.O.
7. F. Frascolo, Engagement paternel quotidien et relations parents-enfant, Dissertation Universität Genf, 1994; »Les incidences de l'engagement paternel quotidien sur les modalités d'interaction ludique père-enfant et mère-enfant«, *Enfance*, 1997, Nr. 3, S. 381–387.
8. J. Le Camus, »Les interactions père-enfant en milieu aquatique«, *Revue internationale de pédiatrie*, 1995-c, Nr. 255, S. 7–17.
9. K. Mac Donald, R.D. Parke, »Bridging the gap: parent-child play interaction and peer interactive competence«, *Child Development*, 1984, Nr. 55, S. 1265–1277.
10. M.G. Pêcheux et al., »What do parents talk about to infants?«, *Early Development and Parenting*, 1993. Nr. 2, S. 89–97.
11. V. Bourçois, L'influence de mode d'engagement du père sur le déve-

loppement affectif et social du jeune enfant, Dissertation Universität Toulouse le Mirail, 1993.

12. H. Ricaud, Éducation familiale et socialisation du jeune enfant, Dissertation, Universität Toulouse le Mirail, 1998, S. I (Abstract).

13. Parsons Unterscheidung zwischen männlicher »Instrumentalität« und weiblicher »Expressivität« stammt von 1995, die von Bakan zwischen »Urheberschaft« und »Kommunalität« von 1996.

14. J.H. Block, »Differential premises arising from differential socialization of the sexes: some conjectures«, *Child Development*, 1983, Nr. 54, S. 1334–1354.

15. M. Siegal, »Are sons and daughters treated more differently by fathers than by mothers?«, *Development Review*, 1987, Nr. 7, S. 183–209.

16. H. Lytton, D.M. Romney, »Parents' differential socialization of boys and girls: a meta-analysis«, *Psychological Bulletin*, 1991, Nr. 109, S. 267–296.

17. M.-A. Granié, Pratiques éducatives familiales et développement de l'identité sexuée chez l'enfant, Dissertation, Universität Toulouse Mirail, 1997. Bei ihrer Arbeit im Bereich der Entwicklung der Geschlechteridentität des Kindes ist es Granié gelungen, den familiären Erziehungsstil mit dem Erwerb der Geschlechterrollen des Vorschulkindes in Verbindung zu bringen (23 Kinder zwischen vier und fünf, 12 Jungen und elf Mädchen). Sie zeigt, dass durch den »Einfluss«, durch die »Konformität« und das stereotype Verhalten der Mutter und des Vaters der Erziehungsstil den Aufbau der sexuellen Identität des Kindes bestimmt, seine »soziale Geschlechteridentität« (das Bewusstwerden einem Geschlecht anzugehören) und ebenso »das geschlechtliche Bild von sich selbst« (die Erfahrung des Einzelnen, einer Gruppe von einem bestimmten Geschlecht anzugehören). Heute scheint dieser Einfluss eher punktuell und gemäßigt zu sein, aber eines der Verdienste dieser Forschungsarbeit liegt darin, beide Partner des Elternpaars gesondert untersucht zu haben und nicht, wie man es damals tat, nur die Eltern gemeinsam, ohne einen Unterschied zwischen beiden zu machen.

18. J. Le Camus, »Les interactions père-jeune enfant en milieu aquatique: est-il légitime d'évoquer un style paternel?«, Vortrag auf dem V. Congrès International d'èducation aquatique, Toulouse, 1999-b.

Kapitel 4: Das Erwachen der Kompetenzen beim Kind

1. H. Marco und C. Rychebusch, »Gestes et langage avec le père et la mère chez le jeune enfant; différences et similitudes«. In: *De l'Usage des gestes et des mots chez l'enfant*, J. Bernicot et al., Paris, 1998, S. 51–80.

2. J. Bernicot, »De l'usage et de la structure des systèmes communicatifs chez l'enfant«, a.a.O., S. 5–26.

3. A.a.O., S. 10.

4. Auf das, was in der Kommunikation Eltern-Kind wirklich »abgespeichert« wird, kommen wir später noch zu sprechen.

5. N.B. Ratner, Patterns of parental vocabulary selection in speech to very young children, *Journal of Child Language*, 1988, S. 481–492.

6. Ein Vater sagte z.B. Dinge wie »hergestellt in Taiwan« oder »in Richtung Norden, Süden, Osten oder Westen«. Hiermit wird ein schon in früheren Arbeiten erzieltes Ergebnis bestätigt. Siehe hierzu vor allem C.B. Mervis, C. Mervis, »Leopards are kitty-cats: object labelling by mothers for their thirteen month-olds«, *Child Development*, 1982, Nr. 53, S. 258–266.

7. M. Tomasello et al. »Young children's conversations with their mothers and fathers: differences in breakdown and repair«, *Journal of Child Language*, 1990, Nr. 17, S. 115–130. Bei diesen Untersuchungen wurden 24 Familien der Mittelklasse, deren Väter ganztags arbeiteten, beobachtet.

8. A.M.B. Austin und T.J. Braeger, »Gendered differences in parents' encouragement of sibling interaction: implications for the construction of a personal premise system«, *First Language*, 1990, Nr. 10, S. 181–197. Die Versuchspersonen waren 40 Familien mit zwei Kindern, von denen nur das erste beobachtet wurde.

9. H. Marcos, »Mother-child and father child communication in the second year: a functional approach«, *Early Development and Parenting*, 1995, Nr. 2, S. 49–61.

10. K. Walker und L. Armstrong, »Do mothers and fathers interact differently with their child or is the situation which matters?«, *Child care, health and development*, 1995. Nr. 21, S. 161–181.

11. H. Marcos und C. Ryckebusch, a.a.O., S. 64.

12. M. Tomasello et al., a.a.O.

13. S. Ervin-Tripp et al. »Politeness and persuasion in children control acts«, *Journal of Pragmatics*, 1990, Nr. 14, S. 307–331.

14. M. Kornhaber-Le Chanu, La communication du jeune enfant avec son père et sa mère: adaptation à l'interlocuteur, Dissertation Université René Descartes, 1995.

15. H. Marcos und C. Ryckebusch, a.a.O., S. 65.

16. Das Kind reicht dem Erwachsenen zum Beispiel zwei Zugwaggons, nachdem es versucht hat, sie aneinander festzumachen.

17. C. Ryckebusch, zit. bei H. Marcos und C. Rykebusch, a.a.O.

18. Das freie Spiel im ersten Jahr schließt per definitionem ein Eingreifen der Eltern aus, das darin bestünde, das Kind dazu anzuhalten, ein vorher erkanntes Problem in mehreren Schritten zu lösen.

19. Die »belehrende« Interaktion wurde von Wood, Bruner und Ross 1976 beschrieben und entwickelt.

20. Siehe besonders das Buch »Denken und Sprechen« von 1934, in deutscher Übersetzung Frankfurt 1964.

21. J.S. Bruner, Le développement de l'enfant: savoir faire, savoir dire, Paris, 1983.

22. Dieses Hilfssystem, das der Erwachsene dem Kind durch die Sprache oder durch Kommunikation im weiteren Sinn gibt, ist eine Unterstützungshandlung, mit der der Erwachsene die Komplexität der Aufgabe zurücknimmt und es so dem Kind ermöglicht, Probleme zu lösen, die es allein nicht lösen könnte (Bruner, a.a.O., S. 288).

23. J.S. Bruner, a.a.O., S. 288.

24. J.Bernicot et al., a.a.O.

25. J.S. Bruner, a.a.O.

26. M.W. Pratt et al, »Mothers and fathers teaching 2 year olds: authoritative parenting and adult scaffolding of young children's learning«, *Developmental Psychology*, 1988, Nr. 24, S. 832–839.

27. F. Labrell, »Paternal play with toddlers: recreation and creation«, 1996-a, *European Journal of Psychology and Education*. Bd. XI, Nr. 1, S. 43–54; »Interactions de tutelle paternelle et maternelle: la sollicitation de l'autonomie dans la deuxième année«, 1996-b, *Enfance* Nr. 4, S. 447–464; »L'apport spécifique du père au développement cognitif du jeune anfant«, 1997, *Enfance*, Nr. 3, S. 361–369.

28. D.B. Conner et al., »Mothers'and fathers' scaffolding of their 2-year-

olds during problem – solving and literacy interactions«, 1997, *British Journal of Developmental Psychology*, Nr. 15, S. 323–338.

29. Väter wurden aufgeteilt in »Organisierende«, »Stimulierende« und »Abwartende«, je nachdem, wie ihr pädagogisches Konzept und ihre Methode aussahen.

30. G. Bergonnier-Dupuy, »Stratégie éducative du père et construction de l'intelligence chez l'enfant d'âge pré-scolaire«, 1997, *Enfance* Nr 3., S. 371–379.

31. Nach Labrells Meinung könnten sich die Besonderheiten der Eltern, ihren Kindern beizustehen, im Alter von mehr als zwei Jahren ausgleichen.

32. Das Phänomen des sex-typing wurde schon in Kapitel 3 analysiert.

Kapitel 5: Die Herausbildung der Emotionen

1. J. Bowlby, »The nature of the child's tie to his mother«, *International Journal of Psychoanalysis*, 1958, Nr. 39, S. 350–373.

2. Es sei auch an Harlows Experimente mit Rhesusaffen erinnert: Bei dieser Spezies wie auch bei anderen höheren Säugetierarten neigen die Jungen instinktiv dazu, die Wärme und den Schutz der Mutter zu suchen.

3. R. Schaffer, P.E. Emerson, »The development of social attachments in infancy«; *Monographs of the Society for Research in Child Development*, 1964, Nr. 29.

4. M.D.S. Ainsworth, Infancy in Uganda. Infant care and the growth of love, Baltimore, 1967.

5. J. Bowlby, Attachement et perte Bd. 1, L'attachement (1. Aufl. 1969), Bd 2: La séparation (1. Aufl. 1973), Paris, 1978.

6. B.M. Lester et al., »Separation protest in infants in Guatemalan infants: cross-cultural and cognitive findings«, *Developmental Psychology*, 1974, Nr. 10, S. 79–85.

7. G. Ross et al., »Separation« protest in infants in home and laboratory«, *Developmental Psychology*, 1975, Nr. 11, S. 256–257.

8. A.a.O.

9. L.J. Cohen et al., »Father, mother and stranger as elicitors of attachment behaviors in infancy«, *Developmental Psychology*, 1974, Nr. 10, S. 146–154.

10. S.S. Feldman et al., »Attachment behaviour: a validation study in two age groups«, *Child Development*, 1975, Nr. 47, S. 319–330.

11. M.E. Lamb, »Twelve-old-months and their parents: interaction in a laboratory«, *Developmental Psychology*, 1976-a, Nr. 12, S. 237–244; »Effect of stress and cohort on mother and father interaction«, *Developmental Psychology*, 1976-b, Nr. 12, S. 435–443.

12. M.E. Lamb et al., »Effects of paternal involvement on infant preferences for mothers and fathers«, *Child development*, 1983. Nr. 54, S. 450–458.

13. S. Kromelow et al., »The role of the father in the development of stranger sociability during the second year«, *American Journal Orthopsychiatry*, 1990, Nr. 60, S. 521–530.

14. M.D.S. Ainsworth et al., »Patterns of attachment: a psychological study of the strange situation«, Hillsdale, 1978.

15. M. Main et al., »The quality of the toddler's relationship to mother and father related to conflict behavior and readiness to establish new relationships«, Child Development, Nr. 52, S. 932–940.

16. K.E. Grossmann et al., »German children's behavior towards their mother at 12 months and their father at 18 months in Ainsworth's strange situation«, *International Journal of Behavioral Development*, 1981, Nr. 4, S. 157–181.

17. L.J. Bridges et al., »Similarities and differences in infant-mother and infant-father interaction in the strange situation; a component process analysis«, Developmental Psychology, 1988, Nr. 24, S. 92–100.

18. J. Belsky und M. Rovine, »Temperament and attachment security in the strange situation: an empirical rapprochement«, *Child Development*, 1987, Nr. 58, S. 787–795.

19. N.A. Fox et al., »Attachment to mother/attachment to father: a meta-analysis«, *Child Development*, 1991, Nr. 62, S. 210–225.

20. M. Main, »De l'attachement à la psychopathologie«, *Enfance*, 1998, Nr. 3, S. 13–27. I. Bretherton, »International working models and communication in attachment relationship«, in: *Le bébé et les interactions précoces*, ed. A. Braconnier und J, Sipos, Paris, 1998, S. 79–89.

21. G. Balleyguier, »Attachement et tempérament chez le jeune enfant«, *Enfance*, 1998, Nr. 3, S. 692.

22. G. S. Suess et al., »Effects of infant attachment to mother and father on quality of adaption in preschool: from dyadic to individual organi-

sation of self«, *International Journal of Behavior Development*, 1992, 15 (12), S. 43–65.

23. M.J. Cox et al., »Prediction of infant mother and infant father attachment«; *Developmental Psychology*, 192, Nr. 28, S. 474–483.

24. B.L.Volling und J. Belsky, »Infant, father and parital antecedents of infant attachment security in dual-earner and single-earner families«, *International Journal of Behavioral Development*, 1992, Nr. 15, S. 83–100.

25. R. Miljkovich et al., »La contributaion distincte du père et de la mère dans la construction des représentations d'attachement du jeune enfant«, *Enfance*, 1998, Nr. 3, S. 103–116.

26. A.a.O., S. 103. Bowlby hatte den Begriff des internen Modells bereits skizziert: »In dem operativen Modell, das jeder entwickelt, ist eines der wichtigsten Elemente seine Vorstellung davon, wer seine Bezugspersonen sind, wo er sie finden kann und mit welcher Reaktion ihrerseits er rechnen kann, wenn er sie ruft. Parallel dazu ist eines der wichtigsten Elemente in dem operativen Modell, das jeder von sich selbst schafft, die Vorstellung, die er von sich selbst hat, von den Bezugspersonen anerkannt oder nicht.« (Bowlby, 1973, S. 269).

27. G. Azemar, »L'approche de l'eau et les interactions parents-enfant«, Lieux de l'enfance, 1988, Nr. 13, S. 83–89.

28. Man kann es als gefahrvolle Umgebung bezeichnen und mit dem Raum in Ainsworths Experimenten in den Episoden vergleichen, in denen das Kind allein oder nur mit einer fremden Person zusammen ist.

29. K.E. Grossmannn und K. Grossmann, »Développement de l'attachement et adaptation psychologique du berceau au tombeau«, *Enfance*, 1998. Nr. 3, S. 44–68.

30. »Diese Haltung schließt eine gewisse Sensibilität im Sinn von Ainsworth ein, begleitet von geeigneten Herausforderungen, um es dem Kind zu ermöglichen, konstruktive Verhaltensweisen anzunehmen, wie z.B. die Förderung der entdeckerischen Kapazitäten des Kindes«; schreibt Grossmann, a.a.O.

31. A.a.O., S. 54.

32. D. Cupa, »Fonction socialisante des affects dans les interactions précoces«, *Champ psychosomatique*, 1998, Nr. 15, S. 45–56.

33. B. Schneider, »L'influence de l'objet sur le contexte des échanges émo-

tionnels entre le bébé et ses parents au cours de la première année«, Colloque Grofred, Rouane, Mai 1999.

34. »Der Vater (papa-poule) erotisiert die Beziehung zu seinem Kind zu seinem Vorteil und gibt sich dem Exzess von Berührungen und Zärtlichkeiten hin, wie sie bei besitzergreifenden Müttern vorkommen.« Françoise Dolto, La Cause des enfants, Paris, 1985, S. 371.

35. »Sie treiben Missbrauch, ohne unbedingt pervers zu sein«, P. Julien, »Repérer la fonction paternelle«, in: *Devenir père, devenir mère*, Ramonville Saint-Agne, 1999, S. 126.

Kapitel 6: Niemals zwei ohne drei – Die ersten Interaktionen

1. Von den französischen Forschern, die diesen Weg geebnet haben, sind vor allem zu erwähnen: S. Lebovici, Le nourrisson, la mère et le psychanalyste, Paris, 1983; B. Cyrulnik, Sous le signe du lien, Paris, 1989.

2. R.D. Parke, Fatherhood, Cambridge, Mass., 1996.

3. Früher sprachen Kliniker üblicherweise von einer Anfangsphase, in der nur die Mutter das Kind versorgt, und von seelischer Monoparentalität.

4. J.-M. Alby, »Identité et rôles sexuels«, *Évolution psychiatrique*, 1972, Bd. XXVIII, S. 189–223.

5. M. Yogman, »Games fathers and mothers play with their infants«, *Infant Mental Health Journal*, 1981, Nr. 2, S. 241–248.

6. C. Arco, »Pacing of playful stimulation to young infants: similarities and differences in maternal and paternal communication«, *Infant Behavior and Development*, 1983, Nr. 6, S. 223–228.

7. T. Brazelton, B. Cramer, Les premier liens, Paris, 1991, S. 134. Deutsche Ausgabe: Die frühe Bindung, Stuttgart 1994.

8. A.a.O., S. 134.

9. J. Herzog, »Aspects du dialogue développement fille-père«, in: La fonction paternelle, P. Ferrari et al., Paris, 1992, S. 47–60.

10. J. Le Camus, »Le dialogue phasique: nouvelles perspectives dans l'étude des interactions père-bébé«, *Neuropsychiatrie de l'enfance et de l'adolescence*, 1995-b, Nr. 43, S. 53–65.

11. J.-C. Kruper, I.C. Uzgiris, »Father and mother speech to young infants«, *Journal of Psycholinguistic Research*, 1987, Nr. 16, S. 597–615.

12. Nach diesem Gesetz funktioniert jedes »System«.

13. F. Frascarolo, »Modèle théorique de l'interaction triadique père-mère-bébé«, Colloque Grofred, Straßburg, 1997.

14. Das Spiel wird sowohl bei gewöhnlichen, »nicht klinisch« genannten Familien verwendet, die sich freiwillig der Forschung zur Verfügung stellen, und bei kranken Familien, »klinisch« genannt, die sich in einem therapeutischen Prozess von Diagnose und Behandlung befinden.

15. E. Fivaz-Deupersinge, »Le bébé et ses parents communient à trois dès la première année de la vie«, in: Devenir père, devenir mère, ed. M. Dugnat, Ramonville Saint-Agne, 1999, S. 66. Dieser Artikel unterstreicht den frühen Zeitpunkt triadischer Interaktion: »Ein drei Monate alter Säugling versteht sehr wohl, dass er zwei gleiche Gesprächspartner hat, wenn sich seine Eltern beide in Gesprächsentfernung hinlegen und sich der Orientierung des Babys zum einen oder andern hin flexibel anpassen. Dann wendet er sich erst dem einen dann dem andern zu und nimmt so teil an den Gefühlen zwischen seinen beiden Eltern.« (A.a.O., S. 69)

16. H. Tremblay-Leveau, »Avant les croyances«, *Enfance*, 1999, Nr. 3, S. 313–321.

17. F.A. Pedersen et al., »Infant development in father absent families«; *Journal of Genetic Psychology*, 1979, Nr. 135, S. 51–61.

18. K. Scholz und C. A. Samuels, »Neonatal and bathing intervention with fathers, behavioral effects 12 weeks after birth of the first baby: the Sunraysia Australia Project«, *International Journal of Behavioral Development*, 1992. Nr. 15, S. 67–81.

19. Die Häufigkeit wurde in drei Stufen gemessen: »Niemals«, »ein- oder zweimal pro Woche«, »drei- oder viermal pro Woche bis täglich«.

20. J.K. Nugent, »Cultural and psychological influences on the father's role in infant development«, *Journal of Marriage in the Family*, 1991, Nr. 53, S. 475–485. Diese Auswirkung der täglichen Mitarbeit des Vaters fand F. Frascarolo bei ihrer in der Schweiz durchgeführten Forschungsarbeit nicht wieder: Die mit Babys von 12 bis 14 Monaten gefilmten Interaktionen ergaben keinen Unterschied zwischen »traditionellen Vätern« (die sich wenig engagierten) und den »neuen Vätern« (die sich wesentlich mehr engagierten). Siehe F. Frascarolo, Engagement

paternel quotidien et relations parents-enfants, Dissertation Universität Genf, 1995.

21. C. Zaouche-Gaudron, a.a.O., 1995.

22. J. Clerget, 1992, a.a.O, S. 62. An diesem Punkt ist sich Clerget mit Françoise Dolto einig, die schrieb, dass »das Dreieck Mutter-Vater-Kind seit der Empfängnis existiert«. (F. Dolto, Quand les parents se séparent, Paris, 1988, S. 9).

23. A. Aubert-Godard, »Naissance d'une triade père-mère-bébé suffisamment bonne après une grossesse paradoxale chez une femme psychotique délirante«, in: *Troubles relationnels père-mère/bébé: quels soin?*, ed. M. Dugnat, Ramonville Saint-Agne, 1996, S. 139–161.

24. A.a.O., S. 140.

25. S. Lebovici, M. Lamour und A. Gozlan-Lomchampt, »Transmission intergénérationnelle et processus de paternalisation-filiation«, *Enfance*, 1997, Nr. 3, S. 435–441. Lebovici und später Lamour und Cupa definieren »paternisation« als Gesamtheit der psychischen Prozesse, die sich vollziehen, wenn ein Mann Vater wird.

26. D. Cupa et al. »Devenir père ou la grossesse du père«, in: *En famille, à l'hôpital*, ed. D. Cupa, S. Lebovici, La Pensée sauvage, 1997, S. 89–112.

27. C. Dolto-Tolitch, »La vaillance du nouveau-né«, *Le Nouvel Observateur*, Sondernummer 37, 1999, S. 10–11.

28. »Wir wissen«, so schreibt Catherine Dolto-Tolitch, »dass die Triade Eltern-Kind eine Vergangenheit hat, deren Gewicht und Einfluss wir kennen. Wie die Triade die Schwangerschaft, Geburt und die folgenden Wochen erlebt, beeinflusst Lebensweise, Dynamik, Gegenwart, Erwachen und Harmoniefähigkeit des Neugeborenen beträchtlich.« (A.a.O., S. 10).

29. B. Golse, »Un bébé sur le divan«, *Le Nouvel Observateur*, Sondernummer 37, 1999. S. 94f.

30. Vgl. Familienspiegel, a.a.O., S. 108.

Kapitel 7: Vater sein von Anfang an

1. R. Frydman und J. Cohen-Solal, Ma grossesse, mon enfant, Paris, 1990.

2. A. Naouri, Une place pour le père, Paris, 1985; ders., L'enfant bien portant, Paris, 1993; ders, Le couple et l'enfant, Paris, 1995.

3. R. Teboul, Neuf mois pour naître, Paris, 1994.

4. D. Cupa et al., a.a.O., S. 89.

5. R. Zapperi, L'homme enceint, Paris, 1983.

6. M. Bydlowski arbeitet in diesem Bereich seit gut 20 Jahren.

7. Als Symptome werden üblicherweise Schwindel, Kopfschmerzen, Verdauungsstörungen oder Beeinträchtigungen des Sexuallebens genannt … Symptome, die nichts Krankhaftes haben und manchmal von Schlaflosigkeit, Reizbarkeit und Depressionen begleitet sind …

8. W. Trethovan, »Le syndrome de la couvade«, in: Actes du Colloque »Les pères aujourd'hui«, Paris, 1982, S. 112–115.

9. Das Brutsyndrom erinnert an ein in manchen Ethnien beobachtetes Ritual, bei dem der Vater die Phasen des Kinderkriegens nachahmt und sich hinlegt, wenn die Mutter das Kind zur Welt bringt. Dieses rituelle Brüten – bekannt seit 1865 durch die genaue Beschreibung des englischen Anthropologen Tyler – unterscheidet sich dennoch vom psychosomatischen Brüten: Im ersten Fall bezieht sich die Nachahmung nur auf die Geburt selbst, während bei letzterem die eine oder andere Phase der Schwangerschaft in bestimmten Symptomen zum Ausdruck kommt; anstelle einer »beabsichtigten Nachahmung« findet sich hier ein »mentaler Prozess, der in hohem Maß vom Unbewussten bestimmt zu sein scheint«. Siehe Q. Trethovan, a.a.O., S, 112.

10. G. Delaisi de Parseval, »Les PMA ou Paternités médicalement assistées«, in: Le père, l'homme et le masculin en périnatalité, ed. P. Marciano, Ramonville Saint-Agne, 1999, S. 99.

11. R. Teboul, a.a.O.

12. E.H. Erikson, Kindheit und Gesellschaft, Ü. aus dem Amerik. Marianne von Eckardt-Jaffé, Stuttgart, 4. Auf., 1971.

13. R.D. Parke, a.a.O.

14. Das ungeborene Kind erlebt drei Entwicklungsphasen: die des Embryonen (drei Monate nach der Einnistung, die des Fötus von drei bis zu sechs Monaten, und nach dem Begriff von Frydman die des *infans* während der letzten drei Monate.

15. Über den medizinischen Nutzen dieser Maßnahme streitet man nicht mehr, seit man sich über die Zahl der Untersuchungen einig ist und sicher ist, dass Ultraschall keine schädliche Wirkung hat.

16. Wie Soulé Anfang der 80er-Jahre feststellte, kann durch die visuelle Darstellung des Kindes eine »freiwillige Unterbrechung des Phantas-

mas« hervorgerufen werden, eine Art Kurzschluss im Entstehungsprozess eines Phantasmas. Heute meinen viele Psychiater jedoch, diese Gefahr werde überschätzt. Siehe hierzu Teboul, a.a.O.

17. Neurophysiologen haben bewiesen, dass der Fötus im fünften Monat nach der Einnistung drei Arten von Geräuschen wahrnehmen kann; die aus dem Inneren des Mutterleibs (Geräusche von Herz-Kreislauf und Verdauungsapparat), die in gedämpfter Form von außen zu ihm dringen (Konversation, Gesang, Musik) und der sowohl innen als auch von außen hörbare Klang der Stimme der Mutter.

18. B. This,»Relations du père et de l'enfant au cours de la grossesse«, Kolloquium »Les pères d'aujourd'hui«, INED, Paris, 1982, S. 119–124. Nur die tiefen Frequenzen der Stimme des Vaters »dringen durch die Bauchwand, ohne große Verluste und ohne Verzerrung« (a.a.O., S. 121).

19. A.J. de Casper und P.A. Prescott, »Human newborns' perception of males voices: preference, discrimination and reinforcing value«, *Developmental Psychobiology*, Nr. 7, S. 481–491.

20. J.-P. Lecanuet und C. Granier-Deferre, »Les perceptions foetales«, in: Du nouveau-né au nourisson, ed. F. Jouen, A. Henock, Paris, 1991. S. 7–32.

21. N. Bacri, »Parole maternelle, parole paternelle: comment garçons et filles naissent-ils au langage?«, in: Garçons et filles, hommes et femmes, ed. P.G. Goslin, S. Lebovici, H.E. Stork, Paris, 1997, S. 53–72.

22. Die unglückliche Harriet ist schwanger mit Ben, einem Fremdling, einem Kind von anderswo. »Viermal schon hatte Harriet auf das erste kleine Geflatter gewartet und in sich hineingelauscht, hatte sich zunächst ein paar Mal getäuscht und war sich dann sicher: Es war so, als ob ein kleiner Fisch blubberte. Bald fühlte sie Reaktionen auf ihre Bewegungen, auf ihre Berührungen und sogar, dessen war sie sicher, auf ihre Gedanken.« Doris Lessing, Das fünfte Kind, Hamburg, 1988, S. 61.

23. F. Veldman, Haptomomie, Paris, 1989.

24. R. Frydman, a.a.O.

25. C. Duchamp-Leroy, Ramonville Saint-Agne, 1996, S. 173–176.

26. C. Dolto-Tolitch, a.a.O.

27. Nach C. Dolto-Tolitch ist »jede Erfahrung zugleich psychisch, affektiv, kognitiv, hormonal, visceral, muskulär, ligamentär«. Die Haptonomie bringt »Spuren der Erinnerung hervor, die von einer tiefen Einprägung

bis zu einer leichten Spur im Gedächtnis reichen, von dem man heute weiß, dass es vielschichtig und in der ganzen belebten Körperlichkeit, die einen Menschen ausmacht, zu finden ist«. Vgl. C. Dolto-Tolitch, a.a.O.

28. Manche vom Erfinder der Technik behaupteten positiven Wirkungen sind nie nachgewiesen worden: Wie soll man wissen, ob der *infans* sich »in seiner Existenz bestätigt« fühlt oder ob er »die Interaktionen als beruhigend und belebend erfährt«?

29. Im Krankenhaus von Vallées de Châtenay-Malabry gibt es eine Diskussionsgruppe, die der Kinderarzt Alain Benoît leitet.

30. I. Rougier, »Le père légal dans la nouvelle médecine de procréation«, in: *Le père, l'homme et le masculin en perinatalité*, ed. P. Marciano, a.a.O., S. 74.

31. »Mann und Frau müssen zum Zeitpunkt der Befruchtung am Leben sein; die Anonymität des Spenders muss gewahrt bleiben, keine erbliche Verbindung zwischen Spender und Kind darf hergestellt werden.« (I. Rougier, a.a.O., S. 75). Alle Beteiligten müssen schriftlich zustimmen, und das Elternpaar muss im Vorfeld Gespräche mit dem Ärzteteam führen.

32. I. Rougier, a.a.O., S. 76.

33. P. Marciano, »Introduction«, in: Le père. L'homme et le masculin en périnatalité, a.a.O., S. 15.

34. »Im Grunde geht es um eine Kumulierung von Vaterschaften, in Gestalt einer Vaterschaft, an der mehrere Erzeuger oder Väter an der Zeugung eines Kindes beteiligt sind«, schreibt G. Delaisi de Parseval, a.a.O., S. 93.

35. R.D. Parke, a.a.O.

36. L. Audier et al., »La place des pères en paternité: à propos d'une enquête. Quelques réflexions«, in: Le père, l'homme et le masculin en périnatalité, in: ed. P. Marciano, a.a.O., S. 28.

37. R. Frydman und J. Cohen-Solal, a.a.O.

38. Wenn ihn das medizinische Personal eingewiesen hat, muss der Mann die Möglichkeit haben »Schultern und Kopf der Frau zu berühren, ihr den Rücken zu massieren, ihr zu helfen, sich zu bewegen, sich umzudrehen, den Platz zu wechseln, ihr die Beine lockern, wenn sie Krämpfe hat, während der Wehen leicht den Bauch massieren ...«, R. Frydman, a.a.O., S. 310.

39. R. Frydman, a.a.O.

40. R.D. Parke, a.a.O.

41. F. Quelvennec et al., »Pères en materinité«, in: Le père, l'homme et le masculin en périnatalité, ed. P. Marciano, a.a.O., S. 35–40.

42. »Worin besteht diese Gegenwart? Gibt sie der Gebärenden Kraft, wenn der Vater mittels Wassersprüher gewissenhaft ihr Gesicht benetzt? Eine teilhabende Gegenwart, wenn er die Nabelschnur durchtrennt? Ist er voyeuristisch, wenn er mit Kamera oder Fotoapparat das gesamte Geschehen dokumentiert, ohne das Geringste auszulassen? Ist es eine parasitäre Gegenwart, wenn er vor Ergriffenheit ohnmächtig wird? Wahrscheinlich alles zugleich, aus einem einfachen Grund. Wie gutwillig der Vater auch sein mag, er bringt das Kind nicht zur Welt.« (R. Teboul, a.a.O., S. 158)

43. M. Odent, »La participation du père à l'accouchement est-elle dangereuse?«, in: Le père dans la périnatalité, ed. P. Le Roy, a.a.O., S. 103–106.

44. Ders., a.a.O., S. 105.

45. L. Audier et al., a.a.O., S. 29.

46. F. Quelvennec et al. a.a.O., S. 35.

47. L. Audier et al., a.a.O., S. 31.

48. M.-C. Lefort und A. Discour, »La place du père durant les trois premiers jours après la naissance d'un enfant prématuré«, in: Le père, l'homme et le masculin en périnatalité, ed. P. Marciano, a.a.O., S. 41–56.

49. M.-C. Lefort und A. Discour, a.a.O., S. 54.

50. A. Aubert-Godard, »La paternité comme acte inachevé«, in: »Le père dans la périnatalité«, ed. P. Le Roy, a.a.O., S. 141.

51. B. Cyrulnik, Un merveilleux malheur, Paris, 1999.

Kapitel 8: Gemessen an der Wirklichkeit – der konkrete Vater

1. Der genetische Vater ist im strengen Sinn der anonyme Spender; der gesetzliche Vater ist, obwohl er als unfruchtbar gilt, der Gefährte der Mutter.

2. Dieses ermöglicht es dem Kind theoretisch, sein Recht wahrzunehmen, seine Herkunft zu erfahren.

3. Der genetische Code des Erzeugers enthält Sequenzen, die man beim Kind wieder findet.

4. In Deutschland werden jährlich etwa 20 000 solcher Tests durchgeführt, vgl. E. Sullerot, Le grand remue-ménage, Paris, 1997.

5. I. Théry, a.a.O., S. 170.

6. A.a.O., S. 174.

7. A.a.O., S. 174.

8. »Vater werden hat viel mit den Worten einer Frau zu tun … die Ankündigung, dass er Vater wird, lässt einen Mann niemals gleichgültig. Sie berührt ihn und gibt ihm … seinen Stellenwert als Vater«, schreibt J. Clerget. Vgl. »L'homme devenant père«, in: *Le père, l'homme et le masculin en périnatalité*, ed. P. Marciano, a.a.O., S. 103.

9. Krankenhaus Waldfriede in Berlin-Zehlendorf.

10. Lacan sagte dies bereits 1938! Vgl. J. Lacan, Les complexes familiaux dans la formation de l'individu, Paris, 1984 1. Aufl. 1938.

11. J.P. Kross, »Le père face à la loi«, in: Actes des Journées d'étude et de réflexion de l'UFR de la Fondation pour l'enfance, Paris, 1995, S. 81.

12. Familienspiegel, a.a.O., S. 90. Frauen in der BRD, a.a.O., S. 101.

13. I. Poidevin, a.a.O., S. 33.

14. S. Lebovici und R. Crémieux, »A propos du rôle et de l'image du père«, *La Psychiatrie de l'enfant*, 1971, XIII, Nr. 2, S. 372.

15. Das »orale Stadium« ist dasjenige, in dessen Verlauf sich die verschiedenen Triebe entlang der Beziehungsform mit der Mutter organisieren, bei der die Ernährung das Wichtigste ist (diese Zeit entspricht in etwa dem ersten Lebensjahr); das »anale Stadium« ist durch eine Art der Beziehung zur Mutter und ihren Vertretern bestimmt, wobei eine »entscheidende Rolle den durch die Sauberkeitserziehung hervorgerufenen Zwängen« zukommt (diese Zeit dauert etwa von 12 bis 24 Monaten). Siehe hierzu D. Widlöcher, »Le développement de la personnalité. Point de vue psychanalytique«, in: *Traité de psychologie de l'enfant*, ed. H. Gratiot-Alphandéry und R. Zazzo, Paris, 1997, S. 235–395.

16. Das »genitale Stadium« ist dasjenige, in dessen Verlauf »die Triebe sich organisieren, um den Unterschied der Geschlechter festzustellen, vor allem das Fehlen eines Penis beim Mädchen«; in D. Widlöcher, a.a.O., S. 273.

17. J. Laplanche, J.-B. Pontalis, Vocabulaire de la psychanalyse, Paris, 1981, S. 79. Deutsche Ausgabe: Frankfurt am Main, 1973

18. S. Lebovici, Vorwort in: Neuf mois pour naître de R. Teboul, Paris, 1994.

19. S. Lebovici und R. Crémieux, a.a.O., S. 349.

20. M. Pinol-Douriez, Bébé agi, bébé actif, Paris, 1984.

21. M.G. Pêcheux et al., a.a.O.

22. J. Le Camus, 1995-c, a.a.O.

23. F. Labrell, 1992, a.a.O.

24. M. Mahler et al., La naissance psychologique de l'être humain, Paris, 1980.

25. Außer mir haben auch andere die Meinung vertreten, dass der Vater als Sprungbrett oder Brücke dient und haben dabei andere Begriffe vorgeschlagen: Initiator, Vermittler, »Katalysator für Wagnisse« oder auch Fährmann.

26. K. Mac Donald und R.D. Parke, a.a.O.

Kapitel 9: Die Krise der Vaterschaft

1. Ich persönlich sehe keinen Kausalzusammenhang zwischen der angeblichen Schwäche der Väter und dem Abdriften »in eine neue Form der Barbarei, in den Aufbau von Gesellschaften mit angepassten Sklaven, die froh sind, Kinder der Wissenschaft und des Staates zu sein«, um die Formulierung von A. Naouri (a.a.O, 1999, S. 41) wiederzugeben.

2. H.G. und G. Mähler, Faire Scheidung durch Mediation. Ein neuer Weg bei Trennung und Scheidung, München, 1994.

3. In einem seiner letzten Romane lässt François Weyergans den Sohn zu seinem Vater sagen: »Meine gesamte Kindheit hindurch hatte ich ein blindes Vertrauen in meinen Vater«, und weiter unten: »Von meiner Geburt bis zu meiner Hochzeit wurde mir alles verboten.« (*Franz et François*, Paris, 1997)

4. Zeitschriften wie *Eltern* leisten diese Aufgabe heute.

5. Diesen Bruch bedauerte Alexander Mitscherlich bereits in seinem 1966 erschienenen Buch *Auf dem Weg zur vaterlosen Gesellschaft*, Frankfurt.

6. P. Marciano, a.a.O., S. 13.

Nachwort: Auf andere Weise Vater sein

1. Es gab hinreichend Spott über das lacansche »Neue Testament« und das »Evangelium vom Namen des Vaters«.
2. S. Lebovici und R. Crémieux, a.a.O., S. 342.
3. G. Delaisi de Parseval hat kürzlich die Vorstellung von einem Vater aus Fleisch und Blut geäußert (einem Vater, den sie »wirklich« nennt), wir schließen uns ihr an: »In diesem Ansatz findet sich, wie uns scheint, zu viel Symbolisches und nicht genug Fleisch«, sagt sie im Hinblick auf den lacanschen Ansatz. Vgl. G. Delaisi de Parseval, a.a.O., S. 100.
4. T. Anatrella, 1999, a.a.O., S. 64.
5. Vgl. DJI-Familiensurvey, a.a.O., 1987–1988. Die Ehe ist nach wie vor die häufigste Lebensform, das Familienleben existiert weiter, auch bei getrennten Haushalten und nichtehelichen Beziehungen. Siehe auch: 13. Shell Jugendstudie, Opladen, 2000, BD II, S. 104.